CÓMO HACER REÍR A LAS PERSONAS

Conviértete en el Alma de Cualquier Grupo o Situación Social al Saber Cómo Hacer Reír a Cualquiera

MAYNARD NGUYEN

Índice

Introducción

Un buen sentido del humor es una de las mejores habilidades que puedes desarrollar en la vida.

Una de las cosas más importantes que puedes aportar a tu vida para mostrar tu lado más lúdico y divertido es poder acercarte al arte de vivir con más ligereza. Aprenderás a no tomarte la vida tan en serio, a ver los aspectos más ridículos y absurdos, y a resaltar y exponer la ridiculez que te divierte a ti y a los que te rodean.

Después de todo, el humor es un regalo. Es el regalo que traes a tu vida y a tus amigos, colegas y familiares. Las personas están tan atrapadas en el ciclo de la negatividad y el pesimismo que están ciegas ante la diversión y las risas que les rodean. La vida es un viaje que no debe tomarse en serio sino disfrutarse. Incluso los momentos más oscuros tienen un resquicio de esperanza, algo divertido de notar.

La tesis de este libro es que puedes aprender la mentalidad necesaria para notar estas cosas y presentarlas a los demás con diversión y despreocupación. Se presenta en patrones lógicos que se pueden estudiar, memorizar y practicar constantemente.

Esto es especialmente cierto para las interacciones sociales. Este libro no es para comediantes profesionales a quienes se les paga para entretener a los clientes. En cambio, está dirigido a aquellos que simplemente quieren desarrollar su sentido del humor para aportar más luz a las interacciones y conversaciones sociales, lo que a su vez significa que los estándares son mucho más bajos. Nadie espera que los entretengas todo el tiempo, ni tienes la intención de hacerlo, la gente no te pedirá un reembolso si no lo haces. Es importante tener en cuenta que ser la animadora personal de alguien no es realmente una ventaja para ti. Desarrollar un sentido del humor es un gran rasgo de personalidad para mostrar, pero no debe eclipsar otras partes de ti.

A medida que avances en este libro, es importante recordar que no tienes que obligarte a ser gracioso cuando hablas con los demás. Deja que tu sentido del humor brille de vez en cuando para aligerar algunas interacciones en lugar de tenerlo siempre presente. Antes de sumergirnos en las técnicas individuales, revisemos este concepto. Este es un lugar tan bueno como siempre para explicar que, aunque quería dejar en claro que hay una diferencia entre la comedia en situaciones sociales y la comedia en televisión o en vivo, sigo usando la palabra "público" a lo largo del libro.

Esta palabra no significa "audiencia" en el sentido tradicional, sino cualquier audiencia que te escuche. Pueden ser tus amigos, familiares, colegas o extraños. Independientemente de quién escuche exactamente tus chistes, se incluyen en esta definición.

Este libro se divide en adelante en cuatro secciones. Durante los primeros capítulos exploraremos las filosofías y la psicología subyacentes en torno al humor. Esta será la parte más teórica del libro, basada principalmente en investigaciones científicas y otros cuerpos de trabajo de expertos en el campo, desde escritores de comedia hasta psicólogos y comediantes, así como en mi propia experiencia personal.

Intentaré contarte de manera confiable y consistente la información e historias utilizadas para obtener la información que compone los primeros capítulos. El enfoque en esta parte inicial del libro estará en los aspectos psicológicos del humor: qué hace reír a la gente, si puedes aprender humor, así como las trampas comunes que podrían arruinar un intento de humor, incluido el manejo de la ansiedad y evitar hacer cosas incómodas. y/o chistes ofensivos.

La segunda parte del libro se centrará en qué es un chiste y cómo funciona. Cubre los conceptos básicos de la estructura de cualquier chiste y los elementos fundamentales que intervienen en él, así como cuáles son las estructuras generales más utilizadas cuando se trata de humor conversacional.

La tercera parte cubre herramientas y técnicas generales para generar comedia. Durante estos capítulos presentaré varias formas diferentes de crear humor a partir de cualquier situación dada. Estas ideas se obtuvieron después de prácticamente cualquier libro disponible sobre el tema del humor, asistiendo a clases de improvisación y comedia, y viendo innumerables horas de contenido cómico, incluidas comedias de situación, especiales de comedia, programas de entrevistas y podcasts. Aunque la comedia existe en varios estilos y es mayormente subjetiva en su valor humorístico, estos representan, en la medida de lo posible, herramientas amplias que se pueden aplicar a un amplio espectro de bromas. Algunos de ellos, por ejemplo, resultarán más útiles cuando se trata de un tono más de humos más oscuro, mientras que otros aparecerán constantemente incluso en los chistes más inocentes. Por lo tanto, esta segunda sección del libro intentará brindarte las herramientas para que construyas tu propia personalidad cómica y estilo único. Terminarás con algunas ideas de cómo podrías usar la comedia para mejorar tus historias personales ya existentes.

Los capítulos finales del libro mostrarán varias formas prácticas de usar la comedia, derivadas de esas herramientas, que se pueden aplicar a casi cualquier situación e interacción, con solo modificaciones menores para mejorar el efecto humorístico y la personalización de los chistes. Estas son, en efecto, "plantillas de bromas" que puedes adoptar fácilmente para volverte divertido instantáneamente. Si planeas usarlos, es importante que pruebes a los que más te hablan y verifiques si funcionan para ti o no y si es una inversión que vale la pena incorporar a tu personalidad en general.

También es importante reconocer algunos de los graves peligros que implica escribir un libro de humor y comedia.

En estas páginas, compartiré contigo todo lo que he aprendido en más de 10 años de estudio de la comedia como pasatiempo. Pero, por definición, su sentido del humor es un rasgo de personalidad y, por lo tanto, está profundamente influenciado por sus experiencias y probablemente hasta cierto punto por su genética. Es una parte de ti que no se puede transmitir o enseñar a otra persona bajo ninguna circunstancia. Creo que es edificable en el sentido de que puedes aprender a reconocer patrones en cualquier situación y hacerlos divertidos. Por lo tanto, es crucial que no pierdas de vista tu propio punto de vista y forma de ver las cosas, ni siquiera consideres cambiarlo por mi forma de ver el mundo, o la de cualquier otra persona. Sobre todo, considero que es imperativo que te mantengas fiel a ti mismo, independientemente de si alguien más te encuentra particularmente divertida o con humor. No te pierdas en un intento de volverte "más divertido" o de obtener de alguna manera la aprobación o validación de los demás, eso no funcionará y lo más probable es que resulte contraproducente.

Si bien uso mis propias experiencias y las enseñanzas de otros, simplemente les pido que reflexionen sobre ellas y, si las encuentran útiles o se identifican con algunas de ellas, tal vez encuentren formas de incorporarlas a su personalidad y visión del mundo existentes. Velos como mejoras, solo otra forma de expresarte y expresar tus pensamientos, que puede o no ser más eficaz que tu forma actual.

Tal vez ya eres una persona divertida y todo lo que queda es encontrar la manera de crear esa chispa que enciende tu combustible creativo, algo que te permite ver el lado divertido de una situación, y todo lo que queda es encontrar la manera. mostrar eso a los demás, el resto. O tal vez también tengas trabajo que hacer en lo que respecta a la creatividad en sí misma, a pensar rápidamente y hacer asociaciones rápidas. Esa también es una habilidad viable que se explorará a lo largo de este texto. De todos modos, nunca debes considerar estos consejos como inamovibles o como "la forma correcta" de hacer las cosas. Úsalos como base, seguro, pero asegúrate de crear tu propio camino. La clave para hacer que todo esto funcione es poder divertirse uno mismo, y no podrás hacerlo si tu proceso de pensamiento está restringido por la forma en que otra persona enfoca las cosas.

Lo que finalmente nos lleva a la siguiente pregunta: ¿Quién soy yo y por qué creo que soy apto para escribir un libro sobre ser gracioso? Empecé a hacer comedia a una edad temprana, probablemente alrededor de los diez años. Me encantó la afirmación que obtuve al reírme de los demás y rápidamente me hice conocido como el payaso de la clase, constantemente asando a los maestros y casi siendo suspendido dos veces por semana. Además, a veces el ambiente hogareño subóptimo me hacía sentir presionado para entretener a mis padres de la mejor manera posible. Sin embargo, siempre pensé que podría haber más. Quería ser el tipo más divertido, quería que eso fuera lo mío, el rasgo que los demás automáticamente asociarían conmigo.

Quería poder iluminar una habitación a la orden, quería ser la persona a la que la gente recurría cuando necesitaban a alguien para alegrarles el día. Mantuve esta mentalidad durante la mayor parte de mis años de adolescencia y adultez temprana. Aunque me las arreglaba para reírme con frecuencia, nunca eran tanto o tan consistentes como quería. Siempre había una broma estúpida en alguna parte, un silencio incómodo, algunos suspiros de desaprobación o ceños fruncidos.

Todos estos años devoré todos los libros de comedia o improvisación que pude tener en mis manos y los mencioné a menudo en este libro. Vi casi todos los éxitos jamás creados, vi cientos de horas de especiales de comedia y programas de entrevistas, y podcasts de humor, notando constantemente cada broma que parecía tener un efecto positivo en la audiencia. Hice esto con mis propios chistes y los de las personas que me rodeaban: registré fielmente todo lo que funcionó y luego busqué patrones que pudieran mostrar el proceso de pensamiento exacto que condujo a esos chistes, así como lo que los motivó a ser divertidos.

También terminé tomando un par de clases de comedia y me inscribí en un grupo de improvisación. Este libro es un resumen de todas las respuestas que he recopilado hasta ahora en mi búsqueda para volverme siempre divertido. Intenta hacerlo de la forma más práctica posible, proporcionando varios ejemplos de cada concepto y cómo podría aplicarse a una variedad de situaciones sociales, algo que nunca pude encontrar en ningún otro lugar hasta este momento.

Sin embargo, esta obsesión no estuvo exenta de inconvenientes. La risa es adictiva. Es probablemente uno de los mejores sonidos de la naturaleza, y solo puedo imaginar otro sonido sin palabras que podría encabezar la lista de "Mejores sonidos para mostrarle a alguien que te gusta". En algún momento, cuando consideras la risa como una fuente de validación y una forma de querer que los demás te muestren aprobación, terminarás con "No me gusta esta broma" y "No me gustas" y "Me gustó ese chiste" y "Me gustas". En un libro que nos pone la comedia en forma de biblia, Joan Carson afirma que esta es una de las diferencias entre los comediantes profesionales y los aficionados: mientras que un comediante aficionado verá los chistes malos como un reflejo de ellos como persona, los profesionales saben que las malas reacciones no tienen nada que ver con ellos, sino con el material. Sin embargo, cuanto más te adentras en este tema, más difícil se vuelve separar quién eres de las reacciones de los demás a lo que dices. Esto me llevó a las trampas psicológicas asociadas con el humor y eventualmente tuve que aprender a lidiar con ellas. Lo que aprendí sobre mí y el mundo a lo largo de este viaje se discutirá en la primera parte de este libro, ya que creo que son conceptos importantes a tener en cuenta antes de profundizar en cómo ser más divertido. En su mayor parte, logré mi meta. Me convertí en el amigo que la gente ahora presenta como gracioso Me convertí en la persona a la que la gente miraba fijamente. Abrí la boca diciendo "Shhh todos, está a punto de decir algo muy gracioso". Me convertí en lo que esperaba ser, y si esto es tu objetivo, deseo que lo puedas cumplir.

Espero poder ayudarte a lograr esto. Todavía no tengo todas las respuestas que busco. En este libro, simplemente presento algunos de los hallazgos y técnicas que he recopilado después de años de investigación, estudio y obsesión con este tema, técnicas que utilizo todos los días y que me dan resultados consistentes. Ahora, sin más preámbulos, pasemos al primer capítulo del libro, donde discutimos cómo lidiar con la ansiedad, el miedo al fracaso y el comportamiento de búsqueda de validación que surge al tratar de ser gracioso.

¿Qué Es Lo Que Provoca La Risa En La Gente?

Lo MÁS IMPORTANTE cuando se habla de teorías de la risa es que no existe una respuesta definitiva a la pregunta de qué es gracioso o no. Las personas son diferentes y el sentido del humor de un individuo es extremadamente único. Lo que algunas personas encuentran divertido es diferente de lo que hace reír a otros, y sin razón aparente. Aunque existe una clara falta de consenso cuando se trata de qué es exactamente lo que hace reír a la gente, la mayoría de los autores parecen estar de acuerdo en que se trata de dos factores principales, identificados inicialmente por la psicóloga Patty Schindler en su libro donde nos cuenta sobre la psicología del humor: sorpresa y sentimiento de superioridad. Aunque estas dos teorías tienden a explicarse por separado, muy a menudo funcionan juntas.

. . .

Aquellos que creen en la teoría de la sorpresa consideran divertido un chiste en particular si mantiene a la audiencia adivinando en la llamada parte preparatoria del chiste y luego destruye esa suposición en el golpe, la última parte del juego. Una broma o un chiste. Un chiste que trastoca las expectativas del público y lo sorprende. Aunque esta forma se ve con mayor frecuencia en chistes anecdóticos tradicionales y anticuados que tenían una línea clara que separaba las dos partes, se puede ver en casi cualquier comedia. Si alguien usa el sarcasmo, por ejemplo, también sorprende a la audiencia, aunque de una manera más sutil. Si alguien entra en un restaurante vacío y le pregunta a su pareja: "Maldita sea, olvidé hacer nuestra reserva, ¿crees que podremos conseguir una mesa antes de la noche?" están subvirtiendo las expectativas de su pareja, que en este caso sería una afirmación más directa, como "Este lugar parece abandonado, probablemente deberíamos buscar nutrición en otro lugar". Según los defensores de esta teoría, cuanto mayor sea la sorpresa, mayor será la risa que provocará. Por eso, cuando se usa el sarcasmo, como además de otros tipos de humor similares, como el humor negro, mantener una cara y una voz serias durante la mayor parte del chiste mejorará su impacto, ya que no transmitirá la sorpresa al dejar en claro que todo es fingido.

· · ·

Otra teoría propuesta por la mayoría de los escritores sobre el tema, que complementa la primera, es que la gente se ríe más porque les da una sensación de superioridad. Un chiste suele ser "exitoso" cuando se cuenta en una posición de autoridad sobre la audiencia, porque también alivia las inseguridades que sienten los oyentes que quieren ver el campo de juego nivelado, lo que luego te anima a expresarte, alegría cuando pasa a través de la risa.

Sin embargo, también podría darse el caso de que un chiste "golpee" al burlarse de cómo las costumbres o formas de ser de otra persona difieren negativamente de los estándares de la propia cultura de la audiencia, permitiéndote así deleitarte con tu propia superioridad. Los chistes que golpean tienden a ser más efectivos cuando se usan contra individuos, mientras que los chistes que golpean hacia abajo tienden a dirigirse a grupos de personas con las que la audiencia no se identifica, como las de otras ciudades o países, así como aquellas que muestran interés en ideologías diferentes a las de los miembros de la audiencia, como apoyar una religión o partido político diferente. Esta teoría justifica la mayoría de los comentarios políticos cómicos, por ejemplo, así como el humor autocrítico o los programas de televisión que presentan cámaras ocultas.

¿Se Puede Enseñar La Diversión?

ESTE ES otro punto donde diferentes escritores tienen opiniones diferentes. Joan Carson, autora de la biblia de la comedia y profesora de clases de comedia, sostiene que el talento cómico es algo que nace o no nace y no se puede enseñar a ser gracioso, reflejado en una cosmovisión única e inexplicable, y lo que puede hacer como profesor de comedia es potenciar ese talento y hacer que algo que ya es divertido sea más divertido. Mientras tanto, otros autores, como Joel Pittsburgh, autor de un libro donde nos habla sobre la caja de herramientas de la comedia, defienden la idea de que aunque algunas personas pueden ser más dotadas que otras al nacer cuando se trata de humor, no es diferente de que algunas personas tengan una aptitud para tocar un determinado instrumento musical. Puede que les dé alguna ventaja y una gama más amplia de hasta dónde pueden llegar, pero la mayoría de las personas aún podrán aprender ese instrumento en una medida decente a pesar de que no nacieron con ninguna forma de habilidad innata.

Mi opinión personal sobre esto es la siguiente: porque la comedia se trata de sorprender a la audiencia, engañarlos para que piensen que vas a decir una cosa y terminar con algo más que va en contra de esa premisa inicial más obvia y ofrece una interpretación diferente, aunque tiene sentido, debería ser una habilidad enseñable porque no parece ser muy complicado. Esta idea parece complicarse por el hecho de que la creatividad de las personas varía enormemente, lo que hace que creen diferentes historias o chistes basados en el mismo incidente. Esto se hace evidente, por ejemplo, en estudios en los que se prueba el sentido del humor de los participantes haciéndoles diseñar un título para un dibujo o imagen poco común y verificando la discrepancia en las respuestas dadas.

Aunque la mayoría de las respuestas dadas al reto no será divertida en absoluto, habrá un subconjunto de respuestas que parecen igualmente ingeniosas pero que representan dos interpretaciones completamente diferentes de la imagen.

· · ·

En uno de estos estudios, uno de estos dibujos incluía a varias personas de pie en una calle, cada una atrapada sola dentro de su propia bola de plástico gigante individual destinada a evitar el contacto físico. Una de las mejores respuestas fue "¿Deberíamos empezar a rodar?" Este participante extrajo claramente de su mente expresiones que podía asociar con la idea de pelotas que aún encajarían en la imagen de una manera inteligente.

Mientras tanto, otro concursante decidió leer la imagen a la luz de los acontecimientos actuales y en su lugar respondió "Y pensar que solíamos estar atrapados dentro", en referencia a la pandemia mundial que estaba ocurriendo en el momento de escribir este artículo.

Esto es paralelo a la cantidad de interpretaciones que podrían ocurrir basadas en el mismo evento en la vida real. Las mentes de las personas funcionan de manera diferente y cada persona suele crear su propia historia cuando se enfrenta a un determinado estímulo, y definitivamente es posible tener una variedad de reacciones divertidas ante la misma circunstancia, cada una de las cuales le da su propio giro a lo que sucedió. Esto también apoya la subjetividad inherente del humor, ya que diferentes personas se identificarán mejor con diferentes interpretaciones dependiendo de su propia personalidad y estilo.

Aunque no creo que sea posible enseñar a las personas a ver las cosas por sí mismas, porque debe ser impulsado por la propia personalidad e imaginación, sí creo que cualquiera podría aprender a ver una situación. de una "manera divertida" y obtiene las herramientas para explorar qué tiene de divertido y algunas formas de expresarlo a los demás. Después de eso, los detalles de cómo las personas usan estas herramientas y las usan para crear su propia historia deben dejarse en manos del individuo. La mayoría de las habilidades funcionan exactamente igual.

Tomemos el dibujo, por ejemplo. La parte didáctica del dibujo son esencialmente los fundamentos del arte: perspectiva, iluminación, color y anatomía. Sin embargo, es imposible enseñarle a alguien qué dibujar. Aquí es donde entra en juego la creatividad y el estilo de cada persona, y cuanto más se practica, más refinada se vuelve esa habilidad de plasmar en papel lo que se tiene en mente. En mi opinión, lo mismo sucede con el humor y ser divertido. Hay algunas herramientas básicas que puedes usar para crear tu propio estilo y hacer tus propios chistes, pero los chistes exactos que crees siempre dependerán de ti y solo de ti.

3

Tener Miedo Al Fracaso Y La Autoconciencia

HACE unos meses comí en un bar local con unos amigos de la escuela secundaria. Mientras otros clientes entraban y salían corriendo gritando sus órdenes, Karla nos contó la historia de cómo perdió su licencia: pasó un semáforo en rojo, unos policías la vieron escondida en un automóvil civil y la detuvieron. unos metros de distancia. Habiendo recibido recientemente su licencia de conducir, su licencia fue revocada y se vio obligada a regresar a la escuela de manejo para obtener una nueva.

Después de que ella terminó su historia y la noche continuó, la discusión de alguna manera giró hacia el tema de las leyes de tránsito, y la discusión ahora giraba en torno al uso de luces intermitentes y si la ley local obligaría o no a los conductores a usarlas al ingresar a las rotondas. Karla defendía con firmeza que el uso de anteojeras era obligatorio, mientras que Joanne no estaba de acuerdo.

Finalmente, decidió continuar con la discusión, Joanne dijo en voz alta: "¿Sabes qué? Te creo, después de todo, tienes el doble de conocimiento que yo", aludiendo claramente al hecho de que recientemente tuvo que volver a tomar su licencia.

Parecía que todo el bar se había quedado en silencio y todos miraban asquerosamente al pobre viejo Joanne. Me deleito en los momentos incómodos, así que tuve que tomar un sorbo para no reírme abiertamente de la incomodidad en el aire mientras alguien más en la mesa comentaba las temidas palabras "Amigo, cállate, no eres gracioso".

Joanne se perdió algunos conceptos básicos, y en realidad es bastante fácil ver que esta broma nunca habría llegado antes, ahorrándole a Joanne una aventura de una noche y algunas amistades. Más adelante en esta sección, exploraré las señales de lo que salió mal. También daré ejemplos de chistes que hice esa noche que crearon y fortalecieron nuestro vínculo, pero ahora quiero sumergirme más profundamente en el fracaso y la autoconciencia con humor y cómo comenzar a pensar en cómo actuar con un escenario idéntico al descrito anteriormente. Este capítulo no hará justicia a este tema por la mera razón de que no soy psicólogo y algunos de los conceptos que discutiré ahora provienen de mi propia investigación, indagué en el tema y cómo aprendí a lidiar con estas situaciones.

El primer consejo puede ser engañosamente simple: reconoce y siéntete orgulloso de tus otros rasgos además del humor. Las personas Goofy son magnéticas porque irradian una tremenda cantidad de energía y confianza en sí mismos, pero esta es una cualidad que atraerá a las personas sin importar si hacen buenos o malos chistes. Son magnéticos precisamente porque no les importa. No están buscando una reacción o resultado específico, realmente no les importa si te ríes o frunces el ceño y huyes, simplemente se divierten y te invitan a la diversión. Muy a menudo no se trata de ser gracioso, se trata de ser divertido, simplemente ser capaz de dejarse llevar y reírse de uno mismo o de la vida en general es un rasgo de carácter atractivo.

Una gran parte de esto proviene de aceptar que no se define únicamente por su sentido del humor, y que hay innumerables otras formas en que puede usar otras cualidades para agregar valor a la vida de otras personas. De hecho, el valor que aporta el humor es el valor más temporal. Una broma solo tiene un efecto positivo en alguien durante unos segundos antes de que tu vida vuelva a la normalidad y finalmente te olvides de ella. Compara eso con, por ejemplo, un comentario sincero sobre cuánto aprecias a alguien o por qué estar genuinamente interesado en lo que está pasando otra persona, hacer preguntas reflexivas y perspicaces y poder encontrarlos en el lugar emocional que están ocupando en este momento.

Estas son las experiencias que pueden consolidarte en la mente de otra persona como alguien con quien vale la pena hablar, mucho más que el humor. Piensa en el humor como el temperamento o la bebida que te ayuda a tragar el plato principal y no como el plato principal en sí.

En su lugar, debe haber una conexión emocional real con la persona o personas con las que está hablando. A menudo, el humor se usa como un mecanismo de defensa, evitando que las personas compartan lo que realmente sienten o experimentan en un nivel emocional y tienen conversaciones vulnerables que en realidad forman lazos profundos.

. . .

Si te encuentras usando el humor de esa manera, trata de enfocarte más en las otras cosas que puedes ofrecer a otras personas. Si tienes problemas para imaginar otras partes de tu personalidad que podrían atraer a otros y aportar valor a sus vidas además del humor, puedes intentar seguir lo que recomienda el psicólogo Dr. Alexander Doug en su libro donde nos da la solución a la ansiedad social, que es que reflexiones sobre las personas que admiras, independientemente de su campo de trabajo y de si las conoces o no en persona, y empiezas a asociar los rasgos que admiras en ellas contigo mismo. Después de todo, argumenta el Dr. Doug, si valoras estos rasgos en ellos es porque en algún nivel los identificas en ti mismo, por lo que también podrías aceptarlos como parte de ti.

Esto te ayudará a reducir la presión que pones en tu propio sentido del humor. Se convierte en una herramienta más que puedes usar, e incluso si a veces falla y no te da el resultado que deseas, no te hace daño como individuo, ya que tienes muchos otros rasgos que te hacen especial e interesante.

El siguiente consejo es bajar las expectativas o, si es posible, abandonarlas. El perfeccionismo es una de las principales causas de ansiedad de cualquier tipo. El problema con esto puede ser que te propongas una meta poco realista, como "Quiero poder reírme todo el tiempo". Simplemente no es posible. No siempre se puede tener un buen chiste. A veces dicen algo estúpido. A veces la gente no piensa que eres gracioso. Algunas personas te llaman la atención. Algunas personas no. Nadie puede hacer reír a la gente todo el tiempo. El profesor Mario Heizer en su libro sobre los secretos de la comedia, establece la importancia de que los comediantes prueben el material en varias audiencias diferentes antes de su actuación real, debido al hecho de que pueden esperar que más de la mitad de sus chistes fallen.

Los comediantes establecidos saben que es imposible entretener a cada persona en cada audiencia, hasta el punto de que ese nunca es su objetivo, independientemente de las circunstancias.

Incluso los chistes que ves en los divertidos programas de entrevistas en la televisión son escritos previamente por un gran equipo de escritores y luego probados y ensayados en clubes locales con audiencias similares a las que tienden a ver el programa, antes de que finalmente aparezcan en la televisión. Ten en cuenta que estamos hablando de comediantes profesionales reales.

. . .

La comediante Joan Carson plantea un punto similar en su libro de la biblia de la comedia: del standup, al igual que el guionista Johnny Cooper en su libro donde nos habla sobre cómo escribir para el horario de noche de la televisión. Si los profesionales de la comedia que han estado en el campo durante décadas no pueden contar chistes divertidos de manera constante y necesitan pasar por un proceso completo de filtrado, no es justo que tu esperes esa cantidad de perfección de ti mismo. Si deseas ser tan divertido como estos profesionales, debes acostumbrarte a estas mismas probabilidades y estar dispuesto a correr los mismos riesgos.

Así que el truco es simplemente ceder el control. Acepta el hecho de que no puedes controlar las reacciones de los demás y déjalos hacer lo que quieran. Si quieren reír, se ríen. Si quieren enojarse, que se enojen. Su reacción hacia ti es su problema, no el tuyo. No uses esto como una excusa para ser innecesariamente cruel o violento. Solo haz tu mejor esfuerzo para divertirte y ríndete a cualquier reacción que otros puedan tener o no porque simplemente está fuera de tu control.

Esta idea de rendirse a todo es más fácil decirlo que hacerlo, pero verdaderamente liberador cuando se pone en práctica.

. . .

Del mismo modo, reconoce también que la culpa puede no ser solo tuya. Tal vez la otra persona esté teniendo un mal día. Tal vez a la otra persona simplemente no le agradas por alguna otra razón y no cambiará de opinión, sin importar lo que hagas o digas. Una mejor expectativa para tener es: las personas que me entienden se reirán conmigo. Independientemente de cuántas personas no me entiendan, solo necesito encontrar a esa persona que sí lo haga para tener una gran interacción.

He conocido a muchas personas que no me parecieron especialmente graciosas, y cada vez que contaban un chiste todos se quedaban mirándolos en silencio mientras su pareja se reía a carcajadas. Para mí, esto personificó esta idea de que no importa cuán poco gracioso creas que eres, no importa cuántas personas pongan los ojos en blanco ante tus chistes, es probable que haya personas a las que no les importe, porque los haces reír. Esto se reduce a la confianza en uno mismo y la fe en que, a pesar de que algunas personas no disfrutarán lo que tienes que decir tanto como quisieras, terminarás bien tarde o temprano.

. . .

Deja de pensar en ser gracioso como "hacer reír a los demás".

En lugar de eso, trata de empezar a pensar en ello como esparciendo alegría. Estás tan lleno de alegría y pasión por la vida que quieres contagiar a los demás e invitarlos a unirse a ti en tu diversión. Este es tu regalo para ellos. Si aceptan o no su regalo no depende de ti y no es asunto tuyo.

No deberías preocuparte ni presionarlos para que se unan a ti en tu espacio de diversión. Tu objetivo debe ser simplemente traerles alegría, y no apegarse a ningún resultado o reacción potencial que pueden arrojar en tu camino. Respétate a ti mismo ya los demás lo suficiente como para permitirles tener una opción en el asunto.

Una buena manera de abordar estos últimos puntos es buscar fallas. Trata de hacer una mala broma. En lugar de buscar la perfección, que siempre se te escapa, busca todo lo contrario. A pesar de lo intuitivo que pueda parecer al principio, pensar de esta manera garantiza que nada te pueda afectar. Digamos que piensas en una broma, pero no estás seguro de si funcionará o no. En lugar de tirarlo a un lado, tíralo, esperando e incluso buscando que fracase. Si no aterriza, genial, obtuviste exactamente lo que querías y ahora eres más fuerte gracias a eso. No solo aprendiste sobre una nueva forma de no hacer una broma, sino que también te aseguraste de estar de acuerdo con ella.

En realidad, saber que algunos chistes fallarán y hacerlos de todos modos es un rasgo compartido por las personas más divertidas, y la mayoría de los comediantes admiten pensar así: cada vez que se preguntan si deben o no contar un chiste determinado, lo cuentan de todos modos. Las personas divertidas esperan que algunos de sus chistes fallen y, por lo tanto, pueden recuperarse mucho más rápido cuando lo hacen y pasar al siguiente.

He conocido a muchas personas graciosas en mi vida que afirman que no siempre fueron graciosas. Sin embargo, nunca tuvieron miedo de contar un mal chiste. Les sucedió que con el tiempo la cantidad de bromas fallidas comenzó a disminuir. Al principio, solo uno de cada 20 chistes recibió una buena respuesta de los demás. Eventualmente consiguieron que este número se redujera a uno cada 15 chistes.

Y luego llegaron a un punto en el que harían una gran broma una vez cada cinco intentos, lo cual es una gran proporción. Parte de su éxito se puede atribuir a factores ya discutidos anteriormente. A saber, el hecho de que nunca esperaron que la gente se riera de sus chistes. Los hacían por el hecho de hacerlos y expresarse, independientemente de su eventual recepción. El hecho de que no estuvieran rogando a la gente por atención o risas en realidad quitó la mayor parte del aguijón de sus chistes malos hasta el punto de que simplemente se convirtieron en parte de quienes eran.

En lugar de intentar ser perfectos y contar chistes perfectos cada vez, se dieron la libertad y el poder de fallar.

Es como si orgullosamente le estuvieran diciendo al mundo: "Así soy yo. A veces hago buenos chistes, el resto del tiempo hago chistes malos, así soy yo. Si decides aceptarlo o no, depende de ti". Una de las cosas que me han confiado estas personas a lo largo de los años es que cada vez que sienten la presión constante de ser graciosas, lo toman como una señal de que la persona con la que están hablando está trabajando en una longitud de onda diferente y que llevar la relación más lejos probablemente no ser una buena idea. Mi experiencia personal apoya esta mentalidad. Cada vez que conoces a alguien que comparte tu sentido del humor personal, las interacciones son fáciles. No sientes la presión de hacer o ser otra cosa que no sea lo que sientes en ese momento. Es una sensación increíble. Si alguna vez te sientes constantemente preocupado por si estás impresionando o no a alguien con tu ingenio, date cuenta de que, en primer lugar, puede que no sea la persona que te gustaría en tu vida, y permitirle que absorba gran parte de tu atención emocional y el tiempo físico te está privando de una relación con otra persona que podría darte ese gran sentimiento de aceptación general de ti mismo como un todo.

Finalmente, otro truco para reducir la ansiedad es simplemente concentrarse en sus sensaciones corporales en el momento. La ansiedad está orientada hacia el futuro, y la forma en que funciona es enfocarse en eventos que aún no han sucedido, pero que podrían suceder.

Si estás en medio de una interacción social, pero tu mente todavía está preocupada por lo que puede suceder o no, digamos que decides decir algo divertido más tarde, no puedes crear tal interacción espontáneamente. relaciones lógicas que sean divertidas porque realmente no puedes escuchar lo que dice la otra persona. Por lo tanto, cualquier cosa que pueda traerte de vuelta al presente sería una buena idea. Aquí es donde entra en juego la conciencia corporal.

· · ·

Puedes detener estos procesos de pensamiento volviendo la atención a tu cuerpo y experimentando lo que está pasando.

Por ejemplo, enfocándote en el peso que tu cuerpo está ejerciendo sobre el suelo o prestando mucha atención a sus manos y cómo se sienten en este momento. Aún mejor, podrías centrar tu atención en la otra persona: observa sus movimientos con atención, observa qué tan rápido parpadea. Trata de concentrarte en sus palabras y en cómo combinan sus movimientos, trata de detectar el tipo de emoción que están tratando de transmitir y trata de encontrarlos en ese espacio emocional. Estas técnicas te ayudarán a volver al momento presente y salir del ciclo de rumiación en tu cabeza.

El camino más claro hacia la confianza en uno mismo cuando se trata de humor es ser capaz de decir: "Aunque esta broma no fue graciosa, igual fue graciosa". El mundo no se acabó después de que Joanne hizo esa broma.

Claro, no tuvo el efecto que probablemente deseaba, pero aun así está bien. Su fracaso y la tensión que surgió como resultado es algo divertido, en cierto modo. Puedes respirar profundamente y aceptar tu fracaso por lo que fue y seguir adelante, mientras dejas que los demás reaccionen como quieran sin sentir la necesidad de controlarlo.

También puedes reenfocar tus pensamientos en tu cuerpo y sensaciones físicas o en el cuerpo de tus amigos para volver al momento presente en lugar de estar atrapado en un bucle mental de arrepentimiento y ansiedad.

Básicamente, todo se reduce a comprender y darte cuenta de que no eres responsable de los sentimientos y el entretenimiento de otras personas. No es sólo un trabajo, es su trabajo. Ellos son los que tienen derecho a decidir cómo quieren sentirse en un momento dado y esa elección es de ellos y solo de ellos y debes aceptarla tal como es en lugar de tratar de intervenir y hacerles cambiar de opinión. simplemente está fuera de tu control. Lo mejor que puedes hacer por ti mismo y por los demás es aprovechar ese poder dentro de ti y tomar la decisión de que tu propia persona te entretenga, ya sea que otros elijan unirse o no.

4

Evitar Las Bromas Incómodas

HEMOS DETERMINADO QUE FALLARÁS. Cuentas chistes malos. Esto es de esperarse y pensar lo contrario es atraparte en un mundo de estándares imposibles que jamás podrás cumplir. Sin embargo, una broma fallida rara vez causa confusión o momentos incómodos. Es la diferencia entre un chiste malo (que hace que la gente ponga los ojos en blanco en el peor de los casos) y un chiste inapropiado (que puede tener consecuencias mayores, como que la gente te lastime o salga lastimada) u ofensivo. Las pautas ampliadas de este capítulo ayudarán a garantizar que no cometa errores obvios que probablemente resulten en una fila inapropiada.

El primero de ellos es relativamente simple, los mejores chistes se cuentan en cuentos. Las personas consistentemente graciosas generalmente usarán chistes dentro de historias personales y rara vez fuera del flujo de una historia o una opinión sincera.

Si observas especiales de comedia o actuaciones de comediantes como Christian Roads, esta suele ser la estructura de todo su acto. Crearán una narración u opinión sincera sobre algo que sucede en sus vidas y luego utilizarán varias herramientas cómicas para mejorar el nivel de comedia en la narración. Los comentarios irónicos o tangenciales generalmente se reservan para los cómicos que se especializan en "trabajar el audiencia", como James Core, cuyo trabajo se basa muy a menudo en bromear creativamente con miembros aleatorios de la audiencia (por cierto, aunque este tipo de humor parece espontáneo cuando se ve en el escenario, generalmente se escribe de antemano para abarcar una amplia gama de escenarios que podrían ocurrir en la audiencia; es entonces el trabajo del comediante identificar a los miembros de la audiencia que encajan dentro de uno de estos escenarios y hacer que los chistes que se aplican parecen espontáneos). Sin embargo, molestar a alguien se considera "humor negativo".

Aunque el humor negativo exitoso, que a menudo también se conoce como "bromas", puede crear lazos más fuertes, especialmente en las etapas iniciales de cortejo o amistades, confiar demasiado en él o llevarlo demasiado lejos puede eventualmente romper esos mismos lazos y romper una relación más allá de la reparación. Otra cosa importante a tener en cuenta al usar las burlas es no ver a la otra persona como alguien a quien menospreciar, sino más bien como un socio en la creación de un momento.

No estás tratando de insultarlos tanto como de darles la oportunidad de reírse de sí mismos. Al ver las burlas a través de estos lentes, podría ayudarte a aliviar un poco el aguijón porque te das cuenta de que el objetivo no es insultar a nadie.

Usar historias personales para mostrar tu humor también evita caer en la trampa de interrumpir la conversación. Un estudio realizado por el lingüista Nohemi Barker y sus colegas descubrió que hacer bromas sin sentido puede provocar reacciones groseras y groseras de los demás, especialmente de las personas que se acercan emocionalmente a la persona que cuenta la broma. Un análisis cuidadoso del trabajo de investigación deja en claro que estos chistes no se hacen en medio de una historia o algún comentario ingenioso. Más bien, fueron descartados como bromas independientes separadas de intentos de humor claramente fallidos.

. . .

Los autores concluyeron que estas respuestas negativas crudas y sin filtrar provenían del hecho de que estos chistes interferían con el curso normal de la conversación, lo que enfurecía y marcaban a las personas por el hecho de que una conversación que les interesaba tener fue interrumpida por alguien que claramente estaba más interesado en recibir algún tipo de validación que en participar. Si por el contrario te enfocas en contar historias divertidas que siguen siendo interesantes y contribuyen a la conversación independientemente de si se incluyen o no esos elementos humorísticos, no caerás en esta trampa.

Y si esos intentos de humor fallan o pasan por encima de la cabeza de tu audiencia, lo más probable es que ni siquiera puedan darse cuenta de que trataste de hacer una broma, e incluso si lo hacen, esto no conducirá a ningún tipo de momento incómodo porque no interrumpiste el flujo de la conversación en absoluto y tu historia puede vivir sin ellos.

Otra cosa muy importante a recordar, a la que se refiere casi toda la literatura sobre escribir y hacer comedia, es la habilidad de elegir un tema. Casi todo el humor tiene un propósito, incluido el humor que agregas a tus historias. Como veremos más adelante en el libro, este target puede ser un lugar, un producto, una ideología, un sistema de creencias, etc. Sin embargo, el target más frecuente del humor será una persona o un grupo de personas. Incluso si estás atacando lo que parece no ser humano, como una idea de producto tonta, en realidad estás atacando a las personas a las que se les ocurrió esa idea, porque en esencia el humor siempre apunta a los humanos y la naturaleza humana. Este concepto juega con una de las razones ya discutidas por las que la gente se ríe: se sienten superiores. Puedes llegar a este sentimiento usando a alguien como el hazmerreír y haciéndolo parecer ingenuo, inocente, tonto o cualquier otro tipo de rasgo negativo que se te ocurra valida ese objetivo como un objetivo válido. Si no creen que el objetivo que elegiste sea digno de ser molestado, te tomarán como un idiota y tu broma como un insulto y no como algo de lo que reírse. Lo más probable es que ellos mismos se sientan insultados y se pongan a la defensiva en nombre de tu objetivo.

El objetivo más seguro del mundo eres tú mismo. Este es el llamado "humor de autodesprecio". Señala tus errores, fallas e inseguridades para mostrar cuán estúpido fuiste en algún momento del pasado y cuán claramente se perdió lo que debería haber sido obvio. El propósito de este tipo de humor es hacer pensar a tu audiencia que se comportaría diferente a ti y así lograr un mejor resultado. Este tipo de humor tiene el efecto secundario positivo de hacerte identificable. Al mostrar tus imperfecciones, estás elevando a otras personas y haciéndolas sentir más seguras de sus propias deficiencias. Esto te hará parecer más carismático, menos arrogante y muy probablemente te permitirá conectar emocionalmente con otras personas mostrándoles tu lado más humano. Sin embargo, existe cierto peligro inherente a este tipo de humor.

En primer lugar, es posible ir demasiado lejos y hacer que la gente piense que estás bromeando o que hablas en serio y que buscas ayuda, lo que a su vez puede tener exactamente el efecto contrario de hacer que la gente haga lo que tú quieres. quiero deshacerme de ti. Las formas más comunes en que las personas logran este tipo de resultados negativos son confiar demasiado en el humor autocrítico en lugar de usarlo ocasionalmente, o hacer que sus bromas sean demasiado oscuras hasta el punto de que ya no son identificables con un público relativamente saludable (por ejemplo, bromear acerca de no tener amigos, soledad extrema, ansiedad extrema y/o depresión).

En el lado opuesto exacto de la moneda, tendríamos humor negro y bromas. Estos objetivos son muy riesgosos y, sin embargo, son los más gratificantes socialmente. Cuando creas una obra de humor negro, te estás burlando de una tragedia y tu objetivo suelen ser las víctimas de dicha tragedia. Hay dos trampas principales que se deben evitar aquí: debes asegurarte de que a) haya pasado suficiente tiempo desde esa tragedia para permitir que las personas se distancien emocionalmente de ella y b) que nadie en tu audiencia esté emocionalmente involucrado en la tragedia.

Las investigaciones coinciden consistentemente en que el humor es una forma saludable de lidiar con eventos perturbadores, y aún no se ha demostrado que el humor negro esté asociado con rasgos psicológicos anormales, como los trastornos antisociales. Si se cree que las dos teorías anteriores son ciertas, uno esperaría que la gente se riera de los chistes de humor negro principalmente por la sorpresa que incluyen. Una gran tragedia con el potencial de sacudir a una comunidad hasta su núcleo naturalmente atrae tanta atención negativa que alguien que aparece y encuentra una manera de exponer lo gracioso que hay en ella es una bocanada de aire fresco que sorprende inmensamente a la gente, y luego también está la sorpresa involucrada en cada chiste individual. También es posible que, en el fondo, las personas que disfrutan de estos chistes se sientan inconscientemente superiores y seguras en su rol de supervivencia, y que se les señale eso de una manera divertida puede hacer que este sentimiento se manifieste en forma de risa.

. . .

La razón por la cual el humor negro tiene un riesgo moderadamente alto es que no ha sido generalmente aceptado por la sociedad. Además, las personas que están directa o indirectamente involucradas en un evento negativo, o que por cualquier motivo comparten una profunda respuesta empática con los involucrados en el evento, pueden estar tan envueltas en sus sentimientos negativos que no están dispuestas a permitir ningún cambio para poder recuperarse de lo que sucedió. Parece haber un elemento de incongruencia, donde incluso si las personas encuentran divertido un chiste particularmente oscuro, aún pueden obligarse a no reírse porque creen que hacerlo demuestra que son una mala persona. Sin embargo, también hay una recompensa bastante grande que se puede conseguir al optar por este tipo de bromas: si disfrutas haciéndolas encuentras a alguien que las disfrute tanto como tú, la conexión que esto provoca es inmensamente gratificante. Como alguien que a veces usa este tipo de bromas, encontrar a alguien con quién puedas disfrutarlos y probablemente incluso participar en espectáculos en los que estoy tratando con una persona con la que estoy en sintonía y que es capaz de desviarse de la norma. Estas interacciones y relaciones suelen ser las más emocionantes e interesantes que he podido formar y las personas que me acompañaron en ellas a menudo han sido las personas más interesantes y de mente abierta que he tenido el placer de conocer.

. . .

Por otro lado, cuando te burlas de alguien, tu objetivo es la persona con la que estás hablando.

Básicamente, estás mostrando una gran cantidad de seguridad en ti mismo y confianza en la otra persona, esencialmente transmitiendo que la estás tratando como a un viejo amigo y que espera que lo vea y lo acepte como tal. Si la persona acepta esta invitación y te permite burlarte de ella o devolvértela, la relación inmediatamente da un gran salto y el vínculo se fortalece. Sin embargo, existen algunas trampas, la más obvia de las cuales ocurrirá si la persona se ofende por lo que dijiste, lo que hace que una posible relación entre en control de daños severos de los que quizás nunca se recupere.

Hay varias variables a tener en cuenta que podrían decidir el resultado de este tipo de interacción. Es posible que hablaste de tal manera que el destinatario de tu mensaje no estaba seguro de si estabas bromeando o no. También existe la posibilidad de que hayas tocado una inseguridad íntima y, al hacerlo, hayas roto los límites personales de la persona. O tal vez a la persona no le gusta verse a sí misma como el blanco de las bromas y se mantendrá firme frente a ellas.

. . .

Cualquiera de estos motivos podría hacer retroceder un par de pasos el lazo entre ustedes y he visto casos en los que el corte fue tan profundo que nunca se curó. Por no hablar de lo que ya se ha comentado anteriormente sobre el posible uso excesivo de este tipo de "humor negativo" y cómo podría potencialmente romper los lazos que inicialmente ayudó a crear.

Entre estos dos extremos tendríamos todos los demás objetivos, la mayoría de los cuales se considerarían "neutrales" al pie de la letra. Los políticos, las celebridades e incluso los extraños de su nivel socioeconómico o superior tienden a ser más dignos de confianza. Esto se considera apropiado y generalmente se acepta que estos artículos merecen ser objeto de burla hasta cierto punto. Esto crea un sentimiento de superioridad en tu audiencia ya que la aparente inferioridad que probablemente sienten hacia aquellos "más altos" que ellos se desvanece en risas. Otros tipos de objetivos seguros incluirían aquellos hacia los que tu público en general siente cierto nivel de hostilidad o ambivalencia. Por ejemplo, las personas casadas a veces se sienten enojadas y frustradas por algunos de los rasgos o comportamientos de sus cónyuges y estos sentimientos suelen ser compartidos por la mayoría de las personas en esa posición. Sacar a la luz estos rasgos o comportamientos frustrantes comunes frente a las personas casadas será un objetivo seguro aceptado y podría dar lugar a algunas bromas muy perspicaces.

Aparte de la elección del objetivo, hay dos elementos adicionales que harían que una broma fuera inapropiada y podría tener esas temidas consecuencias que temes: tú elección del tema y el momento. Hay varios temas que es mejor reservar para ocasiones en las que estás seguro de que la audiencia estará abierta a discutirlos, lo que significa que ya existe un nivel de confianza establecido entre tú y tus oyentes que garantiza que se sientan cómodos hablando de estos quizás temas más duros y personales, que incluyen sexo, drogas y relaciones íntimas.

Aunque el punto y el tema del chiste están bajo tu control al contar un chiste, es al menos igual de importante y es el factor decisivo para determinar cuán receptiva será la audiencia a tu historia. Sin embargo, hay tantas cosas que se pueden controlar en torno a este último elemento. A veces hay claros indicios de que la situación en la que te encuentras significa que las personas que te rodean probablemente no disfrutarán de una broma en ese momento en particular, independientemente de lo divertida que sería si la guardaras para otra ocasión (p. ej., un funeral, alguien que dice o recibe malas noticias, justo después de una gran tragedia, etc.). Sin embargo, la mayoría de las veces, estas indicaciones están ocultas, son impredecibles e incontrolables (por ejemplo, tus oyentes están de mal humor, tienen sueño, no disfrutan de ese tipo particular de humor, etc.). Lo mejor que puedes hacer es leer la sala y buscar pistas que puedan significar que esa audiencia específica no estará abierta a los intentos de hacerlos reír y retroceder si están presentes.

Un consejo final sobre este tema es ver la producción de humor como un juego cooperativo, no como una oportunidad para demostrar lo divertido que eres. Piensa en ello como una oportunidad para divertirte y traer alegría y risas a otros en tu mundo invitándolos a jugar. Tal pensamiento se detalla a menudo en libros sobre el arte de la improvisación. Por ejemplo, en Improvisación a la velocidad de la vida, los actores de improvisación afirman que cuando suben al escenario nunca piensan en crear un espectáculo divertido o en lo que podrían hacer para divertir a su audiencia.

En cambio, asumen que lo gracioso ya está ahí, todo lo que necesitan ya está en algún lugar del escenario, y su trabajo es trabajar juntos para explorar ese contenido y sacar lo gracioso de él. Mientras hacen esta investigación, nunca piensan en cómo pueden ser la persona más divertida en el escenario o superar a su pareja. En cambio, se preocupan por lo que pueden hacer para que su pareja se vea bien. Esto crea un gran sentido de trabajo en equipo que hace que explorar y descubrir el humor sea mucho más fácil.

Estos conceptos también podrían aplicarse a la vida real.

Comienza con darte cuenta de que el contenido y los temas que podrías usar para el humor ya están aquí, en todas partes a tu alrededor. No necesitas crearlos ni memorizar nada, solo necesitas aprender a observar el mundo que te rodea y, lo más importante, permitir que tu compañero de conversación lo explore contigo, sin siquiera tratar de acaparar todo el tiempo la atención y enfoque en ti mismo o busques destacarte de alguna manera. Este es el tipo de cooperación que creará los recuerdos más divertidos y los lazos más profundos. Exploraremos ideas del campo de la comedia de improvisación en los próximos capítulos.

Ahora estamos en una posición en la que podemos decir dónde se equivocó Joanne con la broma que intentó hacer en el capítulo anterior.

Comenzó eligiendo el objetivo equivocado. Karla era parte del grupo y querida por sus miembros, y como tal, a los ojos de nadie, no era un blanco digno de burlarse.

· · ·

Joanne no solo eligió un objetivo equivocado, sino que también la persiguió de la peor manera. En lugar de plantar su broma en medio de una historia u opinión interesante que aun así contribuiría al flujo de la conversación, ya sea que su broma fuera o no divertida en sí misma, decidió interrumpir la conversación el intercambio en curso para decir lo que piensa y acaparar la atención para sí mismo, dejando muy claro que estaba haciendo un intento de humor y buscando una reacción específica de los demás, y que esta búsqueda suya era más importante para él que cualquier cosa que Karla tuviera que hacer o decir, algo con lo que todos los demás no estaban de acuerdo. Finalmente, dejó en claro que no estaba dispuesto a tener una interacción significativa con Karla en la que ambos compartieran el centro de atención mientras se basaban en las contribuciones del otro. En cambio, quería sobresalir por sí mismo y quería que toda la atención se dirigiera a él. Y es por eso que Joanne fracasó.

Aquí hay un ejemplo de una broma exitosa hecha esa misma noche, que volveremos a revisar más adelante ya que resalta algunas otras ideas importantes. Otra persona en la mesa, Marcus, había viajado recientemente a España con su novia, donde terminó alquilando un auto para moverse por el país.

A pesar de que antes del viaje le habían advertido del

enorme peaje que tenía que pagar al entrar en la ciudad de Madrid, no pagó nada y ahora estaba muy preocupado porque de alguna manera se había saltado ilegalmente la herramienta y una multa. encontraría el camino hacia él de regreso a casa, con mayor interés.

Esta era una preocupación tonta. Decidí hacer rodar la pelota jugando y diciendo, con una expresión completamente seria: "Sí, y no creo que simplemente envíen una multa, probablemente tendrás que ir a la corte", con la esperanza de que alguien más entrara en el juego. Paul, otro amigo mío, inmediatamente aprovechó su oportunidad y simplemente agregó "En España". Y ahora que la pelota estaba de nuevo en mi campo, tuve la oportunidad de terminar con "Y tendrás que volver a pagar el peaje".

Esto hizo que toda la mesa se riera a carcajadas con cada intercambio y podríamos haber continuado con la historia si hubiéramos querido. Ya sea que se pueda hacer más divertido o no (lo más probable es que se pueda), hizo su trabajo.

Observe cómo esto prácticamente no rompe ninguna de las reglas anteriores. Sí, el objetivo era Marcus, y Marcus era un objetivo protegido según los estándares del grupo.

Sin embargo, aquí nos dirigíamos a algo muy ligero y específico: la preocupación extrema de Marcus por un tema trivial que muy probablemente nunca vería la luz del día.

Ten en cuenta que esto no se puede comparar con la forma en que Joanne abordó la experiencia pasada extremadamente negativa de Karla.

Considera también cómo todo esto fue una gran historia y cómo nunca la revelamos. En su lugar, simplemente añadimos nuestra contribución a la historia, turnándonos y permitiendo que todos los demás se unieran en el modo que quisieran. En una puesta en escena, los actores de improvisación seguían agregando cosas a la historia y encontrando formas de hacerla más grande y más ridícula, pero para una situación social esto funcionó maravillosamente. Si uno de nuestros chistes hubiera fallado, el tema seguía siendo el mismo y todos serían libres de reanudar la discusión original o seguir adelante, sin tener ningún motivo para crear un momento incómodo o sentirse ofendido. Creamos un momento más ligero de la situación e invitamos a todos a unirse a nosotros.

5

Estar En El Espacio De La Diversión

Estaría dispuesto a apostar que la mayoría de la gente ha experimentado lo que es estar en la "Zona de diversión".

Aquí es donde estás cuando todo va bien y estás matando una coma tras otra. Su discurso es perfecto, las asociaciones y los chistes vienen a la mente sin esfuerzo, y no importa lo que haga, todo lo que haga o diga parece dar en el blanco exactamente como esperaba. Sin embargo, después de unas horas todo se había ido. Por alguna razón desconocida, vuelves a pensar en algo gracioso que decir en tu cabeza, pero no se te ocurre nada. Tu forma de expresarte es rancia, tu pasión y entusiasmo se han ido, y no importa lo que digas o hagas, la gente parece estar a punto de ponerte los ojos en blanco. ¿Qué cambió? ¿Cómo se puede volver a lo que una vez fue?

Este libro está escrito en parte para escapar de la zona divertida mediante la exploración de los mecanismos lógicos que gobiernan la creación exitosa del humor en entornos sociales. Idealmente, con estas herramientas a nuestra disposición, no necesitamos estar en un estado elevado de flujo emocional para lograr los resultados deseados. En cambio, podemos simplemente usar la lógica para inventar una broma, independientemente de nuestro estado de ánimo.

Sin embargo, al mismo tiempo creo que es importante aprovechar esa ventaja emocional tanto como sea posible porque creo que ni siquiera las mejores herramientas lógicas vencen a la espontaneidad. La idea aquí sería tratar de identificar los factores desencadenantes que nos llevan a ese estado infantil en el que parecemos estar libres de cualquier restricción mental autoinfligida y de preocuparnos por las opiniones de los demás para que podamos recuperar la energía generalmente asociada con ese estado de ser.

. . .

Lo que lleva a la gente a esta zona, en mi experiencia y aparentemente en la experiencia de otros escritores que han escrito sobre el tema, como la profesora de comedia y comediante Julia Curtis, es diferente para diferentes personas, te ánimo a tratar de descubrir cuáles son estos factores desencadenantes y tratar de volver a invocarlos.

Esto puede ser una hora específica del día (algunas personas se sienten más creativas durante la noche, mientras que otras pueden expresarse más clara y libremente al amanecer), puede estar relacionado con la cantidad de trabajo que ha producido hasta el momento (algunas personas se sienten tan estresadas cuando se trata de procrastinar, no pueden desconectar su mente a menos que ya hayan logrado algún progreso tangible en un día determinado), puede deberse a tu postura corporal (ya sea que estés sentado o de pie, moviéndote o quieto), algo en el ambiente (ya sea que estés en un ambiente ruidoso con otras personas o con música de fondo, o en un espacio más silencioso) o una cantidad gigante de otros factores.

Incluso puede depender de las personas que están contigo.

. . .

Mientras investigaba para este capítulo, me encontré con varios psicólogos diferentes que afirmaron que una de las mejores formas de medir la conexión entre dos personas es si ambas partes comparten o no sin esfuerzo el sentido del humor. Algunas personas emiten naturalmente una energía que coincide contigo. A su alrededor, ser divertido parece venir sin esfuerzo y también lo hacen sus reacciones positivas ante tus intentos de humor. Mientras tanto, alrededor de otras personas, puedes sentir cierta presión o necesidad de entretener y parece que tienes que intentarlo para hacerlo. Esto podría simplemente significar que no hay el mismo grado de conexión entre ustedes dos, lo que a su vez no permite entrar tan fácilmente en "La Zona Divertida".

Personalmente, he descubierto que los lugares extremadamente ruidosos, permanecer quieto o estar parado en un lugar durante demasiado tiempo restan valor a mi sentido del humor natural al aumentar mi timidez o esfuerzo para expresarme (por ejemplo, puedo sentir el necesito hablar más alto de lo que estoy acostumbrado en un club o en una fiesta, lo que a su vez me obliga a estar más concentrado y, por lo tanto, menos espontáneo). He aprendido a tomar el control de estos factores y tratar de cambiarlos, por ejemplo, cambiando de lugar, o si por alguna razón no puedo hacerlo, acepto el hecho de que mi producción de humor será subestimada y trataré de divertirme y conectarme con la gente de alguna otra manera.

6

Desarrollando La Creatividad

La creatividad y la imaginación son el principal combustible de todas las empresas de humor. Con estas funciones, puede disfrutar de cualquier evento y llevarlo a un nuevo nivel de diversión. Si bien las herramientas de los siguientes capítulos ayudan a simplificar y mejorar el uso de la creatividad, proporcionan un buen punto de partida. Afortunadamente, la creatividad, como cualquier otra habilidad, puede practicarse y desarrollarse utilizando las herramientas explicadas en este capítulo.

Una de las mejores cosas que podrías hacer por tu creatividad es sorprendentemente simple y requiere poco o ningún trabajo mental: mueve tu cuerpo. Estudios psicológicos al respecto, como el realizado por la profesora Lorena Salazar y asociados, subrayan la importancia del ejercicio físico regular sobre los procesos mentales, incluyendo la creatividad y la imaginación.

El segundo paso más importante para mejorar tus habilidades creativas es derribar todos los muros mentales que podrían estar impidiéndote expresarlas completamente.

No hay lugar para la autocrítica en el humor. Los escritores profesionales y los artistas de stand-up tienen el lujo de poder editar, revisar y probar sus chistes innumerables veces antes de llevarlos al ojo público, pero no existe tal cosa para el humor conversacional. Solo tienes que aceptar que a veces fallarás y ser capaz de aceptar eso y aprender de ello.

Deja que tu imaginación corra libre y sin restricciones.

Estate dispuesto a hacer chistes malos y no te límites. Permite que tu creatividad sea ridícula y ten fe en que las personas correctas te identificarán por tu forma de pensar.

. . .

También hay algunos ejercicios que podrías usar tanto para medir tu nivel de creatividad actual como para mejorarlo con el tiempo. Uno de estos se llama "usos alternativos" Se trata de tomar cualquier objeto cotidiano y pensar acerca de para qué otras cosas podrían usarse además de su uso original. Puedes estirarlo, encogerlo y, de lo contrario, hacer lo que quieras con él en tu mente y pensar para qué podrías usarlo. Por ejemplo, tomas un neumático de automóvil.

¿Qué más podría ser? Claramente podría usarse como columpio o para entrenamiento de levantamiento de pesas.

Si lo encogemos podría ser utilizado como medio de transporte masivo para pequeños insectos como las hormigas (imagina llenar el interior de la llanta con comida u otras hormigas y tener una o dos hormigas que se encarguen de empujar la llanta y pueda avanzar). Podría ser utilizado como un péndulo. Tal vez podrías colocarlo alrededor de un árbol para mantenerlo derecho. Podría usarse como cinturón. Puedes abrirlo y prenderle fuego (no recomendado) y usarlo como una forma de calentar alimentos.

. . .

Lo más importante aquí es no limitarse en absoluto. No importa cuán estúpidas, simples, ridículas o poco prácticas parezcan tus ideas, siguen siendo válidas. El objetivo de este ejercicio es simplemente escribir tantas respuestas como sea posible, idealmente 20+. Luego puedes calificar sus respuestas de dos maneras: cuántas respuestas obtuvo en total y cuántas de ellas parecen particularmente inusuales o innovadoras. Aunque la mayoría de las respuestas anteriores se podrían dar a un neumático de goma, tampoco hay ninguna razón por la que debamos limitarnos a ese material específico. Podríamos imaginarlo como si fuera de vidrio.

Tal vez este neumático podría ser un anillo de bodas, o podrías pasar una cadena a través de él y crear un collar.

Cuanto más exageradas sean tus imágenes, mejor. Este es un ejercicio que podrías hacer durante diez minutos todos los días, y podrías hacer que las actividades mundanas, como esperar en una fila o cepillarte los dientes, sean mucho más divertidas y placenteras.

Estamos entrenando nuestra mente en el uso del pensamiento lateral, que nos permite dar nuestro propio giro creativo a una realidad predecible y común y reorganizarla en una nueva forma inesperada, que a su vez sorprende a la audiencia, cumpliendo así una de las principales razones para que la gente se ría. Sin embargo, para que esto funcione, es importante recordar que la clave no es limitarse a ningún estándar, como pensar que existe una respuesta "correcta". No deberías preocuparte por la practicidad o si algo tiene sentido o no. Necesitas tener la mentalidad de que cualquier cosa que se te ocurra es aceptable y que ninguna de tus respuestas puede realmente "apestar", sin importar lo que te diga tu mente.

Otra excelente manera de desarrollar tu creatividad y aumentar tu capacidad para conectar rápidamente ideas aparentemente dispares de maneras sorprendentes (que es de lo que se trata la comedia) es pensar regularmente en este tipo de asociaciones, tomando una palabra y enumerando todas las conexiones que surgen en tu mente relacionado con esta palabra.

También es un gran ejercicio de calentamiento que puedes hacer todos los días para desarrollar tus instintos cuando te encuentres en una situación en la que los necesites. Todo lo que tienes que hacer es buscar en internet "Generador de palabras aleatorias" y encontrar uno que cree automáticamente una palabra aleatoria para ti. A continuación, enumera tantas asociaciones (sinónimos, antónimos, clichés, expresiones, modismos, parecidos) como pueda con esa palabra, una vez más buscando la cantidad y no la calidad.

No deberías estar buscando nada ingenioso o divertido en este punto, sino que lo que quieres es simplemente comenzar a entrenar tu mente para comenzar a asociar libremente. Este tipo de ejercicio es algo que se puede hacer a diario, y el objetivo, como siempre, debe ser divertirse con él y hacer que la experiencia sea lo más agradable posible.

Por último, otro ejercicio divertido que puedes hacer es crear situaciones hipotéticas, especialmente cuando estás aburrido (en la cola del supermercado, en el tráfico, esperando a alguien, etc.). La idea es crear un escenario ridículo en un universo alternativo y hacerlo realidad, incluidas las consecuencias. Es importante enfatizar que todavía no estás tratando de buscar un escenario divertido en absoluto. Solo aprendes a desarrollar estos escenarios y seguirlos lógicamente y dejarte llevar a donde sea que te lleven. Por ejemplo, ¿qué pasaría si un director ejecutivo multimillonario se viera obligado a trabajar como mesero en un restaurante por un día? ¿Cómo trataría a las personas?

¿Cómo lo trataría la gente? ¿Qué aprendería de sus clientes al final del día? ¿Qué aprenderían sus clientes de él?

¿Cómo reaccionaría a los consejos? Si puedes, has que este escenario sea lo más absurdo posible mientras mantienes la lógica y la realidad inherentes. En otras palabras, si el CEO todavía se considera millonario, probablemente se ofenderá con las propinas, lo que puede resultar en una imagen mental ridícula pero divertida de lo que sucederá a continuación. Si, en cambio, comienzas a poder volar por cualquier motivo, rompiste cualquier hilo que te conectara a una realidad básica y la situación, a pesar de que sigue siendo bastante absurda, ya no tienes ningún realismo que pueda hacerla más identificable y divertida.

7

Las Partes Del Humor

Hay tres partes principales que intervienen en cualquier tipo de humor, independientemente del tipo de chiste que te cuentes a ti, a tu público y al chiste en sí. Todas estas partes están intrínsecamente conectadas y, como tales, es imposible saber si un chiste es divertido o no de forma aislada, sin tener en cuenta los otros dos elementos. Incluso el chiste mejor escrito fracasará si se lo cuentas a la audiencia equivocada (por ejemplo, contar un chiste morboso en un funeral o un chiste sobre abogados a personas que se presentan un examen en un bar) o por el actor equivocado (por ejemplo, haciendo que alguien vestido con ropa extremadamente casual haga bromas sobre lo difícil que es ser un hombre de negocios y tratar con clientes o abogados corporativos).

· · ·

Analicemos ahora cada uno de estos elementos individualmente para ver cómo cada uno juega en la creación de una broma.

La audiencia es lo más importante a tener en cuenta. Los intereses y características de la audiencia dictarán si el actor o el chiste son apropiados. Cuando sales con tus amigos de toda la vida, esperan ciertas cosas de ti porque lo saben desde hace mucho tiempo. Por ejemplo, si se te considera una persona inteligente y exitosa, ser estúpido o burlarte de tus funciones corporales probablemente no te sirva de nada a menos que ya te hayas ganado esa reputación. Sería demasiado fuera de lugar y estarían demasiado confundidos para reírse. Mientras tanto, si esos mismos chistes los hiciera el chico del grupo que es conocido por hacer chistes groseros o sexuales, serían geniales.

Tu audiencia también especificará qué tipo de temas son o no aceptables para hacer bromas. Si estás con tu jefe o compañeros de trabajo, por ejemplo, probablemente estén esperando chistes sobre un tema que les interese: tu lugar de trabajo, tus compañeros, tu profesión, tus clientes y las molestias diarias aleatorias en torno a cada una de estas cosas. Hacer un chiste sobre autos, política o el equipo deportivo local probablemente no resuene en su audiencia y, por lo tanto, con toda probabilidad no sacará la risa de estas personas, independientemente de cuán divertido sea el chiste o qué tan bien lo hagas, a menos que sepas de antemano que se interesan por esos temas.

Tener siempre en mente a tu audiencia es el primer paso para una broma exitosa. Al perfilar a su audiencia, ahora puede elegir temas que sean adecuados para ellos.

Aquí puedes elegir el objetivo de la broma. Todo chiste tiene un propósito, aunque parezca inocente. Puede ser una persona o un grupo de personas (por ejemplo, tú mismo, tu ex pareja, un político, conductores, adolescentes, ancianos, personas de una ciudad o país en particular, un grupo étnico, fanáticos del equipo deportivo local, etc.), un lugar (una ciudad o región concreta, un país, un restaurante, etc.) o una idea (una religión, una creencia, un producto, una ideología, etc.).

Incluso cuando te burlas de algo aparentemente inocuo, como un anuncio, en realidad hay un objetivo humano oculto debajo, porque en esencia toda comedia apunta a la naturaleza humana: en este caso, sería el equipo de marketing responsable de este anuncio o los estúpidos clientes que adquieren ese bien o servicio. Cuando te burlas de la gastronomía de un país específico, tu objetivo es en realidad la gente de ese país. Esto conduce a sentimientos de superioridad. "Esas personas son tan increíblemente tontas que habría hecho un anuncio más atractivo sin todos estos defectos tontos obvios"; "La gente de ese país no tiene idea de cómo sabe la comida real, si tan solo hubieran venido a mi país no volverían a comer esa cosa". Estos sentimientos, a su vez, provocan risas.

Como vimos anteriormente, es importante adaptar este objetivo a tu audiencia. Si tu audiencia no acepta al objetivo como digno de ridículo, es posible que reaccione negativamente y cree un momento incómodo.

Este tema y el objetivo asociado deben significar algo para la audiencia. A nadie le importa si a tu hija Laura no le gusta comer guisantes o si tu perro Gus destruyó el nuevo juguete que le compraste. Sin embargo, a la gente le importará si desahogas tu frustración acerca de cómo los niños, independientemente de quién sea el niño en cuestión, no les importa si estás tratando de hacer algo que es bueno para ellos y cuán exasperante es cuando pelean contra ti como si los estuvieras atacando, o sobre cómo las mascotas a veces no aprecian lo que haces por ellos, independientemente de cuánto dinero o esfuerzo gastes en ellos y nunca se darán cuenta de lo que hicieron mal o apreciar plenamente las consecuencias de tus acciones. Y si tu audiencia no tiene hijos o mascotas, todavía no les importará ninguna de estas dos cosas, no importa lo que hagas. Hablaremos un poco más sobre cómo elegir un objetivo y cómo esto afecta cualquier broma en el próximo capítulo.

Tu audiencia específica también es la autoridad sobre qué tipo de comediante eres. La personalidad que muestra cuando cuenta un chiste, también conocida como su "personaje cómico", tiene que ser alguien en quien tu público confíe y con quien te sientas cómodo. Confían en ti para poder hablar sobre sus problemas y burlarte de las cosas que tampoco les gustan. Básicamente, estás expresando tus opiniones y, para hacerlo, tienen que verte como alguien digno de ser esa voz.

Los comediantes de stand-up tienen la ventaja de poder usar su ropa o incluso accesorios externos para crear o acentuar una personalidad específica. Sin embargo, como comediante conversacional, no tienes ese lujo. Como ya hemos mencionado, puedes, sin embargo, controlar tu personalidad. ¿Quieres ser el tipo que busca constantemente insinuaciones sexuales?

¿Quieres ser el tipo que está constantemente actualizado sobre las noticias y la política mundiales y que puede hacer bromas al respecto?

· · ·

Tu personalidad determinará en qué cosas te enfocas y es importante mantener la coherencia, ya que cambiar de estilo solo terminará confundiendo a tu audiencia y dejándolos preguntándose qué está pasando, lo que terminará impidiendo que se rían, independientemente de que tan divertido el chiste en sí es en realidad. A su vez, tu personalidad también influirá en los temas que elijas entre aquellos con los que tu audiencia se identifica: necesitas encontrar aquellos objetivos y temas que en un diagrama Venn se encuentran en la intersección entre lo que auténticamente te molesta y lo que auténticamente molesta a los miembros de la audiencia. Tu personalidad cómica también cambiará la forma en que entregas el material: ¿estos temas piden una entrega que haga evidente que estás contando una broma?

¿O, en cambio, requieren una entrega más pausada, inteligente e inexpresiva?

8

La Elección De Un Objetivo O Propósito

LA PRIMERA PARTE de crear un chiste es el propósito. Ya hemos descrito qué es el propósito y cómo debe relacionarse con la audiencia y contigo como actor. El objeto también debe tener otra cualidad: debe evocar una emoción negativa en la audiencia, como hostilidad, frustración y/o ira. La comedia es un arte oscuro y tiende a trabajar principalmente con emociones negativas. Si todo va bien, la comedia no puede funcionar. Si te enfocas en los aspectos positivos de un tema determinado o en cómo tu objetivo realmente está haciendo algo bueno por el mundo, no podrás provocar la risa. "Felices para siempre" es un final que no se ve a menudo en los chistes.

Por lo tanto, para crear un chiste exitoso, necesitas saber qué hay detrás de los sentimientos negativos que la audiencia pueda tener sobre tu target, para que el chiste se base en esos mismos sentimientos.

El chiste es que al final hay que reforzarlos, porque por muy injusto que sea, el propósito del humor no es educar a nadie, sino demostrarle a la gente que siempre tuviste la razón.

También debemos asegurarnos de que el objetivo sea lo suficientemente específico como para que la audiencia pueda relacionarse con él por completo. Un objetivo amplio no nos permitiría explorar por completo esos sentimientos de frustración e irritación que hacen que una broma tenga éxito.

Por ejemplo, imaginemos que nuestra audiencia es un grupo de personas mayores. Necesitamos comenzar preguntando qué enfurece a estas personas y les genera una cantidad considerable de hostilidad u otras emociones negativas, que luego necesitaremos amplificar a lo largo de nuestro chiste.

Estas pueden ser cosas como el hecho de sentirse menospreciado por su familia, el miedo a la muerte o la impotencia sobre sus cuerpos, la pereza y la mala educación de los jóvenes o cómo algunos de sus familiares quieren su dinero.

Lo contrario de estas cosas se aplicaría a los jóvenes y cómo se sienten acerca de sus familiares, más grandes: la inutilidad de envejecer, la falta de sexo aumenta con la edad, el miedo a perder la capacidad de moverse o pensar con claridad, cataratas, demencia, el miedo a la muerte o a perder el poder sobre su cuerpo y su vida.

Armado con este conocimiento, ahora es más fácil saber cómo dar a cualquiera de estas audiencias sentimientos de superioridad sobre el otro mientras se fortalece esta hostilidad.

El mismo tipo de pensamiento podría aplicarse, por ejemplo, al público docente. He aquí algunos objetos que suscitan la enemistad de los profesores: niños revoltosos, padres groseros o enojados, salarios bajos, niños que se distraen constantemente. A los profesores les gustaría mostrarles a sus alumnos muchas frustraciones que realmente no saben cómo hacer, pero que se pueden suavizar con humor. Al comenzar una broma, por lo tanto, debes enumerar las cosas que provocan la ira dentro de ti o de tu audiencia y pensar en cómo puedes usarlas o amplificarlas a lo largo de una broma.

Una vez que hayas identificado un objetivo que genera hostilidad o frustración en tu audiencia, el siguiente paso es asegurarte de que los chistes sean realistas para que la audiencia se relacione con ellos, al menos inicialmente.

Primero debemos comenzar por establecer un problema común y realista compartido por nuestra audiencia, seguido de un final inesperado y sorprendente que sigue lógicamente. Idealmente, al hacerlo, debería haber una acumulación de emoción: deberíamos capitalizar esa hostilidad usando palabras o gestos (o ambos), creando y manteniendo una cierta cantidad de tensión en la mente de la audiencia, hasta que esta ira finalmente se resuelva por el clímax del chiste.

Finalmente, debemos asegurarnos de no arruinar la sorpresa al final del chiste diciéndole de alguna manera a la audiencia que viene, ya sea cambiando nuestra voz o con movimientos corporales o no reservando las palabras sorpresa para el último momento.

· · ·

Por ejemplo, si tu fueras un maestro dirigiéndose a un grupo de otros maestros, una simple broma sería: "El presupuesto estatal para militares es el doble del presupuesto para educación (premisa directa). Nuestro gobierno prefiere pagar por niños muertos en lugar de por hacerlos inteligentes (punto clave)". No es la obra maestra del humor, pero debería ser lo suficientemente bueno para que tu audiencia se relacione contigo y comparte algunas sonrisas como una forma de reconocer la realidad de lo que dijiste.

Recuerde que este objetivo es compartido por todos y, por lo tanto, funciona tanto para el artista como para la audiencia.

Si la audiencia consistiera en personal militar, esta broma nunca habría aterrizado. Todos estos elementos están relacionados entre sí. La estructura del chiste ofrece un hecho, una opinión, un comentario o una observación directos, y el remate se basa en él y crea una sensación de sorpresa y superioridad al agregar algo inesperado. Hay varias técnicas cuando se trata de construir frases clave y configuraciones, y estudiaremos varias de ellas a lo largo del resto de este libro.

9

La Anatomía De Una Broma

Todos los chistes tienden a constar de dos partes: una de ellas creará una o más suposiciones en la mente de la audiencia, generalmente activada por una palabra específica (conocida como "preparación", la parte del chiste que establece lo que está ocurriendo como "premisa"), y la última parte del chiste (generalmente llamado remate), que romperá todas las suposiciones hechas previamente por la audiencia sin dejar de estar lógicamente relacionado con la premisa, por ejemplo, interpretando esa misma palabra clave usando un significado alternativo al que estaba implícito en el contexto. Al demostrar que la interpretación de la audiencia es incorrecta, el remate engaña a la audiencia para que se sorprenda, lo que a su vez se traducirá en risas.

· · ·

Sin embargo, para hacerlo, el remate también debe basarse en la verdad.

Si, por ejemplo, implica que alguien es tonto o que algo está mal hecho, la audiencia debe creer esas cosas; de lo contrario, no se reirán y podrían ponerse a la defensiva.

Una vez que hayas establecido un objetivo apropiado, estarás listo para comenzar la diversión tú mismo, comenzando desde el punto de partida. El trabajo de una premisa, como hemos visto, es crear una o más suposiciones en la mente de la audiencia, llevándola a creer que saben cómo terminará el chiste hasta que el chiste demuestre que están equivocados. La forma más fácil de ejemplificar cómo funciona una premisa es a través de una pregunta. Imagina que alguien te pregunta "¿A qué te dedicas?"

Esta pregunta lleva consigo algunas expectativas. Es decir, la gente espera que respondas con un cargo (soy profesor, médico, músico) o con una actividad física (escribo, pinto, hago videos). Imaginemos que eres abogado. Si respondes a esta pregunta con "Soy abogado", no estás rompiendo ninguna de estas expectativas y, por esta razón, esta respuesta no es ingeniosa. Sin embargo, puedes fijar tu vista para romper ambas expectativas al no proporcionar un título de trabajo y centrarte en una actividad mental en lugar de una física. Incluso si no hace que tu respuesta sea automáticamente graciosa, sí la hace mucho más interesante si, en cambio, respondes con "Hago afirmaciones dudosas e ilógicas y, en secreto, espero que mis oyentes sean lo suficientemente tontos como para creer la mayoría de ellas".

De esta forma sigues cumpliendo la premisa (después de todo, esta es una respuesta lógica a la pregunta) y rompiendo las expectativas de la audiencia al mismo tiempo.

Echemos un vistazo a otra pregunta: "¿Qué es lo que más te gusta hacer el fin de semana?". Una vez más, esta pregunta crea al menos dos expectativas en la mente de la audiencia: a) Algo que normalmente no se puede hacer entre semana y b) Algo divertido. Si respondes "Voy a trabajar", esto parece ajustarse a las reglas técnicas de lo que debe ser un chiste, ya que rompes la primera expectativa, pero no es gracioso.

· · ·

Puedes romper ambas expectativas diciendo algo como "Reflexiona sobre los errores que cometí durante la semana", que al menos es un poco más divertido e interesante.

Sin embargo, también se puede detectar otra expectativa escondida en el mismo fraseo del chiste que es más fundamental que cualquiera de las expuestas anteriormente, y romperla por lo tanto resultará en una mayor risa ya que la sorpresa será mayor. Al analizar el chiste con este tipo de mentalidad, se puede detectar que el verbo hacer utilizado en esta pregunta en particular, así como la palabra "cosa", crean automáticamente la suposición de una actividad física o mental. Sin embargo, al interpretar la palabra con uno de sus significados alternativos puedes romper esa expectativa simplemente respondiendo con "El cartero".

Esto todavía responde a la pregunta lógicamente, simplemente se desvía del contexto que se pretendía inicialmente.

Otro concepto importante a la hora de crear chistes es ser específico, lo que va de la mano con la exageración, un ingrediente común en la mayoría de los chistes que exploraremos más adelante en este libro. El objetivo de una broma es dibujar el mundo que ves de una manera nueva y única, como si estuvieras dibujando su caricatura.

Cuanto más detallada y específica sea la pintura final, más divertida se vuelve.

Por esta razón, decir "No quiero terminar como un repartidor de pizzas" no es tan interesante o divertido como su especificación detallada de "No quiero terminar como una fraternidad con aspecto de un chico con una gorra de plástico manejando un scooter rojo viejo y usado en exceso que apenas supera los 50 para poder entregar alimentos y bebidas frías por debajo del promedio a las personas que están de fiesta y disfrutan de la vida mucho más que yo, mientras espero que se compadezcan suficiente para darme una propina que me permita ir a casa por la noche y ver películas hasta que me duerma". De la misma manera, el comentario sarcástico "Mi libro vendió casi 60 copias en dos años, por lo que se puede decir que es un gran éxito" no es tan divertido o interesante como la versión específica más detallada "Mi libro ha vendido casi 60 copias en dos años.

Dale un par de semanas más y estoy a punto de vender más que la Biblia". Dadas estas reglas básicas, diferentes autores las usan y las modifican de diferentes maneras para crear comedia, lo que significa que no hay una estructura específica ampliamente utilizada y disponible.

· · ·

Estructura de chiste n.º 1: Actuaciones y mezclas

Este concepto, descrito en algunos libros que he leído, es uno de los mejores para el humor social porque puede usarse en casi cualquier situación. Puedes usarlo para mejorar tus historias, comentar algo a tu alrededor o hacer un comentario interesante sobre algo sobre ti o la vida de la persona con la que estás hablando.

De acuerdo con esta fórmula, comienzas eligiendo un tema interesante, que es un tema que te parece estúpido, extraño, aterrador o difícil. Este tema puede ser elegido por ti (si es así, debes hablar abierta y auténticamente sobre un área de tu vida con la que realmente estás luchando y que merece una opinión o perspectiva; cuanto más obsesionado y apasionado estés con este tema, mejor) o, como muy probablemente ocurrirá en las interacciones sociales, puede ser forzado por tu compañero de conversación o tu entorno.

La clave aquí es que no intentes ser gracioso al elegir el tema del que quieres hablar, sino que seas lo más serio, auténtico y honesto que puedas. Luego te sumerges en esa emoción y especificas qué tiene ese tema que crees que es estúpido, extraño, aterrador o difícil (aunque hay otras formas de sentir algo, Carter dice que estos sentimientos tienden a funcionar mejor cuando se trata de sentimientos de hacer bromas). Se defiende que mantener esta actitud a lo largo de todo el chiste es fundamental para garantizar tu éxito, ya que, como hemos visto anteriormente, es obligatorio que haya algún tipo de emoción (negativa) detrás de cada chiste. Para garantizar que cada broma contiene una actitud.

Después de transmitir la actitud, el siguiente paso es responder claramente a la pregunta: ¿Qué pasa con el tema que te hace sentir que es estúpido, extraño, aterrador o difícil? En este punto, no debes tratar de ser gracioso, sino simplemente honesto acerca de lo que realmente te molesta.

Si tratas de ser gracioso en este punto, sonará forzado y lo más probable es que la gente no quiera escuchar lo que viene a continuación y, en consecuencia, no se ría. Incluso si lo encuentran divertido, estarán demasiado distraídos riendo y no se reirán de la broma en sí.

Si encuentras que cierta broma que trataste de hacer no fue chistosa, vale la pena repetir mentalmente lo que dijiste y asegurarte de que: a) no trató de ser gracioso cuando preparó la broma y b) hubo una actitud claramente transmitida que se mantuvo consistentemente a lo largo de la broma. Este también es un gran consejo para contar historias. Si encuentras que una historia que te encanta contar parece haber perdido su nivel de diversión, probablemente sea porque la has contado tanto que ya no la imaginas mientras la cuentas y revives ese momento. La solución es dar un paso atrás en la historia y hacer todo lo posible para volver a sentir todas las emociones que estabas sintiendo en el momento en que sucedió para que esa actitud y emociones se transmitan una vez más a los demás a través de tu discurso.

Por eso es importante recordar la idea subyacente de que cada chiste debe tener una actitud clara y definida, y que debes transmitir esa actitud y lo que te hace sentir de esa manera, incluso si en realidad no dices las palabras lo que define esta actitud porque puede volverse extraña en un entorno social. Es decir, no es necesario que digas algo como "Es raro la cantidad de gente que no se interesa por la política" si en cambio dices "Me molesta que tanta gente no se interese por la política", ya que esto último suena más orgánico que salir de tu camino para que sea obvio que piensas que es "raro" y, sin embargo, esa emoción subyacente todavía está claramente allí.

. . .

Solo después de compartir las razones por las que te sientes así sobre el tema, puedes tratar de ser gracioso. Esta primera parte de la broma es el punto de partida, haces que la audiencia piense de manera predecible para que puedas sorprenderlos con el golpe.

Cuando hables sobre lo que te hace sentir sobre un tema determinado, no debes personalizarlo introduciendo las palabras yo, mi, etc., sino que mantengas el tema lo más general y familiar posible.

Una vez que hayas presentado el tema y tus sentimientos al respecto, ahora tienes dos opciones. Una de ellas es el uso de la yuxtaposición, es decir, comparar un tema con otro lugar o tema aparentemente no relacionado, que a su vez sorprende a la audiencia. Alternativamente, puedes hacer una actuación en la que actúes como si fueras el personaje o algo a lo que aludes en tu premisa. En este punto, puedes hacer las cosas más personales y comenzar a hablar sobre tu propia experiencia con el tema. Esta actuación no es lo que realmente sucedió, sino una versión exagerada de lo que sucedió.

Tomando la palabra "Difícil", por ejemplo, podrías preguntar "¿Qué más es difícil?" y agrega un paso adicional preguntando "Si esto es cierto, ¿qué más es cierto?". Por ejemplo, una respuesta a "¿Qué más es difícil?" podría ser "Un rompecabezas de 5.000".

Ahora puedes agregarle un paso adicional: ¿qué haría que un rompecabezas de 5,000 piezas fuera más difícil? Al responder esa pregunta, puede llegar al chiste: "El matrimonio es muy difícil. El matrimonio es como un rompecabezas de cinco mil piezas. Todo el cielo".

O puedes aplicar esa misma técnica a la idea de "Tomado". ¿Qué más apesta cuando está "tomado" y ya no puedes tomarlo por ti mismo? Lugares de estacionamiento.

Pasando por el mismo proceso, llegas al chiste popular "Tener pareja es como encontrar un lugar para estacionar.

Los buenos se toman..." y das un paso adelante para llegar a "... y el resto está en hacer algo original a partir de este concepto. Empecemos por tomar el mensaje subyacente de la idea: es difícil querer algo bueno que no puedes tener porque te lo ha quitado otra persona. ¿En qué contexto podríamos aplicar esa idea? Bueno, esto es lo que se me ocurrió.

· · ·

"Es difícil estar soltero porque la mayoría de las personas que quieres ya están ocupadas y dondequiera que mires constantemente te recuerdan tu soledad (Premisa). Es como comprar un reloj caro que tiene el nombre de otra persona grabado en la parte posterior. No solo eso, ni siquiera hay números en el dial, solo las iniciales de la otra persona ("Si es cierto que el nombre de la otra persona está grabado, ¿qué más podría ser cierto? ¿Cómo puedo empeorar la situación?"). Así que cada vez que miras el reloj dices "Me pregunto si esto es mío ahora. No, todavía pertenece a otra persona."

El problema con este enfoque es que básicamente estás objetivando a la persona que te atrae. Sin embargo, ¿no es esto cierto? ¿No todos hacemos esto en algún grado? A pesar de ese hecho, aún podría ser una buena idea alejarse de esas aguas haciéndolas más generales, encapsulando todas las relaciones como un todo sin invocar la idea de propiedad.

Simplemente hay poco o ningún límite cuando se trata de dónde puedes tomar cualquier broma.

También te permite mostrar tu creatividad preguntando escenarios hipotéticos, que es un lugar donde el ejercicio de creatividad mencionado al comienzo del libro podría entrar en juego. Puedes tomar cualquier escenario y transportarlo a otro contexto nuevo y sorprendente. ¿Y si tu dulce abuela fuera ladrona de bancos? Te arrepentirías después de cada robo y le dirías a tus víctimas (actúa, haciendo tu mejor voz de anciana, preferiblemente usando tu lenguaje corporal para que coincida con el lenguaje corporal de una anciana también) Lo siento mucho, no sé lo que estaba pensando, por favor, te devuelvo tu dinero. ¿Sabes qué? Toma, toma estas galletas que traje" ¿Cómo actuarías en Bingo si fueras extremadamente dulce o extremadamente enojada y de mal genio? La clave aquí no es hacerla "muy dulce"; ese rasgo debe llevarse al extremo, tiene que ser la persona más dulce de la Tierra.

He aquí un resumen: toma un tema (algo que creas que es extraño, aterrador, estúpido o difícil) y explica, de manera clara y práctica, de manera seria, por qué te sientes así al respecto. Luego, representa a la persona o personas (o cosas) involucradas, y/o mezcla el contexto y lleva a la persona o cosa inicial que le molestó a un nuevo escenario o contexto y explora cómo te comportarías ahora.

. . .

Y como último ejemplo, aquí hay un chiste final que sigue este formato, comenzando, como siempre, con un tema personal y auténtico y la frustración relacionada:

Lo difícil de trabajar con el público es que a veces la gente se siente con derecho a pedirte cualquier cosa. Una mujer vino el otro día y me dijo (actúa mal) "Vine aquí hace un mes para comprar un libro y mientras lo leía hoy me di cuenta de que faltaban la mitad de las páginas, así que creo que me lo merezco". Devuélveme mi dinero, ¿no estás de acuerdo? ¿Y no crees que debería obtener algo extra por el tiempo que tuve que pasar para venir aquí debido a tu incompetencia? Por cierto, ese auto estacionado afuera, ¿es tuyo? "

Estructura de chiste #2: Humor de asociación

Este tipo de humor, al menos en mi opinión personal, no es propicio para el humor social porque requiere un análisis más analítico de lo que te muestran o cuentan, y diría que limita tu expresión creativa, tu imaginación y tu pasión.

A veces parece que te esfuerzas demasiado por inventar un chiste en lugar de simplemente ser gracioso. Aunque la asociación de palabras o ideas es un lugar común en la mayoría de las formas de humor, resaltarlo sobre otros elementos agrega presión innecesaria y hace que una broma parezca forzada, al menos en mi opinión personal. De todos modos, vale la pena mencionar este tema si tienes más talento que yo cuando se trata de usarlo o si deseas aprender más.

El concepto detrás de esta estructura es fácil. Tomas algo que está pasando a tu alrededor o que alguien más dijo y tomas el elemento o elementos que lo hacen particularmente interesante o que lo hacen sobresalir de lo común. Luego, enumera mentalmente tantas asociaciones como pueda relacionadas con ese elemento o elementos. Usando esa asociación, llegas al remate. Dado que este formato se usa principalmente en programas de entrevistas y stand up, la configuración suele ser una noticia fáctica o algún otro evento de interés periodístico narrado de manera directa.

El "punchline" es la unión inesperada de asociaciones de los diferentes elementos que componen ese evento. Lo que luego llaman "el ángulo" es una pieza de estructura que vincula el remate con la configuración después de que ya hayas elegido ambos. Sin embargo, cuando se trata de humor social, el ángulo no es necesario porque los chistes rara vez vienen en este formato de (Noticia fáctica) + remate angular.

No te preocupes por tener que pensar en todas estas asociaciones en el lugar. Siguiendo el ejercicio creativo del Capítulo 6, se vuelve gradualmente más intuitivo. Sin embargo, al menos por experiencia personal, creo que siempre requiere algo de trabajo. Al menos para mí, este tipo de humor requiere estar de buen humor, completamente relajado, porque de lo contrario la mente se atascará y no podrá encontrar buenas asociaciones. No solo requiere un poco de esfuerzo mental para encontrar esas asociaciones, hay un poco de trabajo extra por hacer cuando se trata de traducirlas creativamente en un chiste. La estructura analizada en el paso anterior, por otro lado, permite más libertad y creatividad a la hora de crear una imagen mental de algo divertido y traducirla fácilmente en un chiste.

Como ejemplo, imagina que alguien te dice "Mi padre fue a un dentista italiano este fin de semana". ¿Cuáles son los dos elementos de esta oración que más se destacan? "italiano" y "dentista". Ahora podríamos enumerar todas las asociaciones que se nos ocurrieron sobre cada uno de estos temas.

Por ejemplo, "italiano" podría traer a la mente lo siguiente: la mafia, la pizza, la pasta, los artistas, los pintores, Roma, el Papa, el catolicismo, etc. "Dentista" podría traer a la mente: taladro, calcio, caries, extracción de muelas, anestesia. , dolor, endodoncia, etc.

Luego continúa explicando varias formas de tratar de combinar estas dos listas para crear una broma. Uno de estos métodos consiste en fingir que eres un periodista haciendo preguntas sobre el tema que comienzan con quién, qué, cuándo, por qué y cómo. Luego, intenta responderlas usando asociaciones de uno o ambos elementos que más se destacaron. En este ejemplo, podríamos preguntar "¿Por qué su padre fue a un dentista italiano?" y asociarlo con "Mafia" y "dolor" para llegar a la conclusión de que tal vez su padre fue secuestrado en contra de su voluntad y torturado, por lo que una posible respuesta aquí podría ser "Ay, ¿cuánto dinero debía?"

Estructura de chiste n.º 3: exageración e inversión

Si bien el humor social tiene una estructura de broma informal común, se aplica a la mayoría de las situaciones.

Primero, aísla el elemento divertido que deseas explorar. De acuerdo con las reglas del humor, la comedia comienza en un nivel bajo y luego desciende, lo que significa que debes comenzar a buscar algo malo. Algo que no encaja, algo inusual, algo desordenado o algo redundante.

A menudo, esto se aplica a los lugares. Cuando estaba de visita en Italia, había un restaurante que mostraba algunos dibujos abstractos mal dibujados cerca de algunas mesas. Claramente fueron dibujados por un profesional, pero al mismo tiempo los dibujos abstractos no encajaban con el resto del tema del restaurante, y además el arte abstracto a veces da una sensación de aficionado. Sabiendo esto, sé que tenía un elemento que estaba fuera de lugar, lo que lo convertía en un blanco perfecto para el humor. Por tanto, partimos del reconocimiento de "Estas fotos son malas".

Tomando ese elemento como punto de partida, ahora hay dos opciones para producir una broma a partir de él. Una de ellas sería exagerarla. En este caso, simplemente exageramos lo malas que son las imágenes. Un posible comentario sería "¿Cómo llegaron los dibujos de mi hermana hasta aquí?". Esto supone que tienes una hermana menor que no sabe dibujar y la persona con la que estás lo sabe. Si tú o alguna de las personas con las que estás también son conocidos por su incapacidad para dibujar, esta sería una forma de burlarse de eso. Por ejemplo, si tu amigo Pablo tiene habilidades de dibujo notablemente malas, podrías comentar "Hola Pablo, no sabía que eras grande en Italia".

Otra forma de burlarse de la situación sería empezar por darle la vuelta. Esto generalmente se llama sarcasmo. Si todos generalmente están de acuerdo en que los dibujos son malos, asumes exactamente lo contrario: parte de la suposición de que esos dibujos están bien dibujados. Estás exagerando al suponer que no solo están bien diseñados, sino que son los mejores diseños jamás creados.

¿Cuál es el ejemplo de buenas pinturas? Probablemente el museo más famoso de París.

10

Todo Comienza Desde Abajo Y Sigue Bajando

NUNCA SE HA ESCRITO un chiste sobre lo hermosos y agradables que son los días soleados. El humor trata sobre el lado oscuro de la vida y la naturaleza humana, centrándose en los aspectos negativos de la vida: drogas, deficiencias sexuales, dolor, sufrimiento, muerte, envejecimiento, incomodidad, mala alimentación, mal aliento, mala gente, y la lista continúa. Aquí es donde comienza la comedia. Y una vez que llegas a ese punto, el desafío es ir aún más profundo.

Una vez que las cosas están mal, las empeoras aún más. Esta es la razón por la que es un cliché que en tantas comedias de situación o dibujos animados uno de los personajes dice "Este día no podría empeorar" e inmediatamente algo inesperado los golpea. Como dice el refrán, cuanto peor va tu día, mejor, porque se puede generar más material cómico a partir de él. Si por el contrario tu día fue increíble, no habrá de qué reírse.

Hay muchas razones por las que la comedia tiende a gravitar hacia temas tan negativos. El primero es simplemente por valor de choque. Al sorprender a su audiencia hablando de estos temas a menudo tabú y haciendo bromas socialmente cuestionables, los sorprende, lo que lleva a la risa. También ayuda a generar tensión. Al contar una historia sobre una experiencia negativa que te involucró a ti o a otros, es mucho más fácil llevar a la audiencia a través de varias emociones, mientras genera la hostilidad y la ira necesarias asociadas con el humor. Cuando finalmente llegas al clímax de la historia con tu remate, esa tensión se resuelve, lo que ayuda a facilitar la risa.

La tercera razón más importante es que estos temas tienden a dar a la audiencia una sensación de superioridad, el segundo ingrediente más necesario para el humor después de la sorpresa. Al burlarse de los drogadictos o de las personas que tienen inadecuaciones sexuales, por ejemplo, podría causar en tu audiencia un sentimiento de alivio, superioridad, o al menos una sensación de que realmente no son tan malas personas. "Mi vida está hecha un lío, pero al menos no soy ese tipo". Si, en cambio, te diriges a alguien más arriba en la cadena alimenticia, lo que tiende a ser más aceptable cuando se trata de comedia, tranquilizas a la audiencia haciéndoles pensar "Ugh, aquí estaba pensando que esa persona era mejor que yo, pero resulta que es tan tonto como yo".

De cualquier manera, independientemente de tu objetivo o si es una persona, un grupo de personas, una ideología o, aunque solo sea un producto, tu objetivo es siempre derribarlos, detectar algo negativo y sacarlo a la luz. Y tu próximo objetivo es empeorarlo aún más. Por esta razón, la comedia siempre comienza en un nivel bajo (detectando lo negativo) y luego baja (exagerando o haciendo que lo negativo sea aún peor y expresándolo en una broma).

Por estas razones, la comedia siempre comienza por tomar una situación real y verdadera y la empeora. Así es exactamente como se hacen las caricaturas. Imagina a dos amigos haciendo una tonta apuesta al azar sobre el resultado de un partido de fútbol; el ganador de la apuesta gana la otra. Este es un resumen cómico de la situación, es "la primera gran mentira".

. . .

Si quieres convertirlo en un boceto, solo tienes que empeorarlo progresivamente. Uno de los amigos pierde una apuesta y el ganador le da un puñetazo, lo que empeora la situación, pero no lo suficientemente gracioso, porque básicamente se esperaba el resultado. Pero imagina que cuando el abusado abre los ojos después de haber sido golpeado, ve una enorme fila de personas esperando su turno para golpearlo. Ahora la situación empeoró, y ahora es gracioso.

Una de estas personas podría ser un tipo enorme, tres veces el tamaño de nuestra víctima.

La situación se vuelve peor y más divertida.

La siguiente persona es una niña, aparentemente inocente, pero de repente diabólica y extremadamente violenta. De nuevo, la situación empeoró, más absurda, más ridícula, más divertida. Ahora viene la madre de la víctima y lo abofetea, contando cómo ella nunca le gustó de todos modos. La situación se vuelve cada vez más absurda, hasta que tienes, por ejemplo, a la abuela del hombre golpeándolo con su bastón o arrojándole su silla de ruedas. Siempre que no se produzca un daño grave al personaje hasta el punto del coma o la muerte, siempre que sea capaz de mantenerse en pie al final, todo esto hizo que la situación fuera más divertida y todo surgió de una simple y estúpida apuesta entre dos amigos borrachos.

11

La Entrega

LA FORMA en que entregas una broma puedes hacerla o deshacerla Incluso las mejores ideas pueden ser graciosas cuando las expresa una persona, pero cuando las expresa otra persona, pueden parecer extremadamente aburridas y desagradables. Esto puede deberse a factores que ya hemos discutido (es decir, el chiste que se cuenta no se ajusta a la personalidad establecida del narrador, o no se siente cómodo con la audiencia que lo escucha), pero incluso cuando esas piezas encajan perfectamente en su lugar, la efectividad de la broma aún puede variar significativamente. Algunos de los motivos detrás de este resultado son difíciles de explicar o imposibles de controlar (por ejemplo, el estado de ánimo de su oyente en ese día en particular), mientras que otros requieren algún esfuerzo consciente y práctica para producir resultados satisfactorios.

. . .

Uno de los factores más difíciles de controlar es el tiempo.

El tiempo es crucial para cualquier broma, pero es difícil de describir. Puedes entender qué tan rápido lo dices, cuántas pausas haces, cuánto dura cada pausa e incluso cómo y cuándo subes y bajas el tono cuando bromeas. El tiempo es una forma de arte en sí mismo. Un chiste estúpido puede ser histérico en un momento excepcional, pero un chiste divertido en el papel puede agotarse y arruinarse en un mal momento.

Sin embargo, también es imposible enseñarle a alguien cómo tener un buen momento, ya que hay muchas variables a considerar. Solo puede provenir de la práctica y de darse cuenta gradualmente por ósmosis de lo que funciona y lo que no funciona con el tiempo. Esto es especialmente difícil cuando se trata de humor conversacional, donde se espera que seas espontáneo y no puedes darte el lujo de contar el mismo chiste una y otra vez, mientras pruebas y refinas pequeños detalles hasta que encuentras la manera perfecta de expresar todo eso. Por esta razón, es posible que nunca alcance el punto en el que sea competente en lo que respecta al tiempo, y eso probablemente será simplemente algo que debes aceptar.

. . .

Algo que puede ayudarte a desarrollar tus habilidades de sincronización es recordar qué actitud está tratando de representar (ve el Capítulo 9). Al permitirte gastar en esta actitud, tiendes a dirigir el tiempo hacia donde es natural y orgánico.

El elemento controlable más importante de una entrega exitosa es la confianza. Para que tu audiencia crea que lo que estás diciendo es realmente importante y que vale la pena escucharlo, primero debes pensar que es importante y que vale la pena decirlo. A medida que mantengas esta convicción en lo más profundo de ti, se mostrará en tu devoción. Si, en cambio, tienes dudas internas con respecto a la solidez de tus ideas o cuán fascinantes o divertidas son realmente, esta duda también se traspasará a través de tu exposición y parecerá que estás pidiendo una risa, lo que apagará el público y los hará reacios a darte lo que claramente buscas. Las personas parecen tener un sexto sentido que les permite detectar, a menudo sólo a través del lenguaje corporal, que otras personas quieren algo de ahí, ya sea algo tangible como dinero o alguna forma de aprobación, y el instinto humano parece convertir a estas personas lejos para que podamos preservar un sentido de libertad e identidad al no ceder a su necesidad.

. . .

Otro factor importante a considerar al contar un chiste es tu tono de voz, que tambien está profundamente relacionado con tu confianza. Un error común que veo que las personas que quieren ser graciosas cometen con bastante frecuencia es hablar demasiado bajo o demasiado rápido. La razón por la que hacen esto es porque temen que su material no sea lo suficientemente bueno y, por lo tanto, no provoque la risa que esperan (y el hecho de que esta expectativa exista en primer lugar ya es un gran error) o temen ser interrumpió antes de que terminaran de expresar sus pensamientos.

Esto puede causar que tus oyentes ni siquiera entiendan lo que están diciendo, lo que a su vez se convierte en miradas confundidas, poniendo aún más nervioso al hablante y creando un círculo vicioso. La forma de salir de ella es hacer un esfuerzo consciente para proyectar tu voz hasta el punto en que seas consciente de lo fuerte que está hablando (si tienes la costumbre de hablar en un tono de voz bajo, esto es lo más importante probablemente no sea tan alto como crees) y luego disminuyas la velocidad. Concéntrate en hablar claramente cada sílaba y tu pronunciación correcta.

. . .

Además, haz una pausa. Permite deliberadamente que se haga un poco de silencio mientras hablas, especialmente antes de que digas algo que creas que será la parte divertida de cualquier broma.

Otro aspecto a tener en cuenta es el lenguaje corporal. El capítulo de actuación también habla brevemente sobre cómo el cuerpo puede y debe usarse para enfatizar un punto y dar vida a las palabras al exagerarlas y desarrollarlas a través de movimientos corporales, voz y expresiones faciales.

Algunas personas muy expresivas pueden usar esta técnica para convertir una línea aburrida o extraña en algo interesante, si no divertido.

Sin embargo, incluso si no haces que la broma sea más divertida, el uso de esta herramienta suele valer la pena porque será divertido para ti y para los demás y es muy probable que al menos obtengas una sonrisa de tu audiencia.

Por último, no busques una reacción y, sobre todo, no muestres signos externos de querer provocar la risa en los demás. He visto esto con demasiada frecuencia en las interacciones sociales, y lo que termina sucediendo es que estas personas consolidan su estatus dentro del grupo como el animador o el complaciente de la gente. Cuentan un chiste o hacen un comentario divertido y, en lugar de dejarlo pasar, después de terminar de hablar, miran fijamente a sus oyentes para ver si se ríen o no.

En esencia, asume siempre una reacción positiva a lo que estás a punto de decir y ten la confianza y la disposición para seguir adelante constantemente. Imagina a tu audiencia, incluso si son solo tus amigos, como lo haría si fuera un comediante real parado en un escenario. Piensa en ellos como si pagaran por escucharte y estuvieran interesados en lo que tienes que decir. Después de todo, están interesados en ti; de lo contrario, ¿por qué son tus amigos en primer lugar? Por esta razón, sé tú mismo sin pedir disculpas.

Nunca empieces un chiste con líneas como "No creo que esto sea tan divertido" o "Esto es algo en lo que acabo de pensar". En lugar de eso, solo dilo claro y conciso.

Ponlo ahí. Y nunca expliques un chiste después de que lo hayas hecho; nunca sale nada bueno de esa situación. Si las personas no entendieron el chiste o piden repetirlo o explicarlo, simplemente aceptan que el chiste está muerto. Si te interrumpen, la broma está muerta. Es mejor hacer una breve pausa incómoda y decir "No importa" y seguir adelante que detener por completo la interacción y tener que volver atrás y repetir algo que ahora tiene que ser especialmente divertido para justificar toda la presión y la atención añadida encima.

12

La Actuación Y El "Si...Y"

LA ACTUACIÓN ES una de las herramientas más utilizadas del humor conversacional, y tiende a ser especialmente útil cuando quieres crear un momento humorístico a expensas de otra persona que parece tener algunas características extrañas y notables contra la norma (generalmente alguien en una película, noticias, video, etc.). Esta herramienta también se usa muy a menudo con herramientas basadas en la improvisación o en la narración de historias. Los espectáculos también son la base de algunas fórmulas de broma.

Esta herramienta consiste en dar vida a un personaje inventado de una manera que pretende exagerar tus características únicas y extrañas hasta un punto cómico. Hablas como si realmente fueras esa persona (o, en algunos casos, cosas) y, si las circunstancias te lo permiten, incluso puedes moverte como esa persona (o, mejor dicho, la versión exagerada de esa persona) se movería o imitaría su rostro, expresiones, de manera igualmente exagerada.

El uso normal del espectáculo sería, siguiendo la regla más importante de la comedia, empeorar las cosas. Aquí hay un ejemplo. Digamos que estás viendo un video viral de una niña en una motocicleta cuando ve un gatito callejero en medio de la carretera. Esta situación ahora sería catalogada como "mala" orgánicamente. Inmediatamente detiene el vehículo y heroicamente va y agarra al gatito caminando valientemente por el medio de la vía, y se lo da a una anciana que pasaba por la acera para que lo agarre mientras va a estacionarla. bicicleta. La situación ha mejorado, ahora se clasificaría como "mejor" o tal vez incluso como "bueno". Pero ni mejor ni lo bueno es gracioso.

Si quieres dar tu mejor oportunidad de humor en esta situación, necesitas que la situación vuelva a ser "mala".

Necesitas empeorarlo. Y, en este caso, una buena manera de hacerlo sería actuar como la anciana, tomando una voz de anciana e imaginando qué dirías y harías en ese escenario que podría empeorar la situación. Probablemente diría "¿Para qué diablos quiero esto?" y rechazar al pobre gatito.

Lo que ella haga con el gato dependerá completamente de tu propio sentido del humor. Tal vez literalmente no sabe cómo funciona un gato y empieza a preguntarse qué le acaban de dar y empieza a tratar de descifrarlo, moviéndolo entre sus manos o abriendo o cerrando la boca para buscar dónde están las pilas. Vamos.

Tal vez iría detrás de la joven hacia el tráfico para preguntar cómo funciona el gato, quejarse de que está roto o decir que ya tiene uno similar en casa y no necesita uno nuevo.

Tal vez está un poco loca y pediría que le devolvieran su dinero, aunque nunca le pidieron dinero, creando así una conversación infructuosa además de lo que ya estaba sucediendo. Una vez que comprendas el concepto funda-mental de que estás tratando de empeorar la situación, y en este caso la situación sería peor si la anciana decidiera de alguna manera no quedarse con el gato como le habían dicho, hay una cantidad virtualmente infinita de maneras de jugar en esta situación. Sin embargo, lastimar al animal de cualquier manera solo restaría valor al humor aquí, ya que solo haría que la audiencia pierda legítimamente toda simpatía por el personaje que está representando (y por ti) en lugar de reírse de tu tontería o absurdo. comportamiento.

Recuerdo que estaba en un bar con un par de amigos cuando este video salió en las noticias. Cuando vi a la joven darle el gato a la anciana, mi mente se decidió por lo que pensé que era la mejor manera de hacer la situación peor y más ridícula, y fue bastante simple. Entonces, simplemente comenté: "Ahora la anciana dice (actúa con voz de anciana) "Ahora, ¿por qué diablos querría yo esta cosa?" (Vuelvo a mi voz normal otra vez) y ella va y vuelve a poner al gato en medio del camino".

A medida que se va formando la imagen mental de lo que sucedería si este fuera el caso, de la joven sentada en su bicicleta, orgullosa de sí misma por ser una buena samaritana, y tan pronto como vuelve a mirar hacia adelante ve a la anciana poniendo el gato en su lugar original antes de reanudar su paseo, la gente se reía. Es increíblemente absurdo y ridículo, y todo lo que fue necesario para llegar a esta conclusión fue decir "¿Qué podría decir y hacer esta mujer para empeorar la situación?". Y nada más. Un buen escenario que permite una fácil demostración de este concepto son los espectáculos de talentos, especialmente cuando las personas se presentan con talentos extraños y peligrosos.

. . .

Por ejemplo, imaginemos que alguien sabe cómo hacer malabarismos con tres espadas grandes y afiladas. Cuando termina su audición, debe preguntarse qué podría hacer o decir ese individuo que empeoraría la situación. En este caso, podría ser tan simple como decir, con voz seria y amenazadora: "¿A quién le gustaría decir el primer 'No'?"

Ni siquiera necesitas dejar en claro que estás hablando en nombre de esa persona para que esto funcione. Si tu audiencia también está viendo el programa (y si no es así, esta broma no funcionaría de todos modos), debería entender de inmediato lo que estás haciendo sin que tengas que explicarlo primero.

Otro uso de la actuación es tomar las peculiaridades de alguien y ponerlas en un contexto completamente nuevo que refuerce sus peculiaridades y lo equivocados que realmente están. Continuemos con el ejemplo de malabares mencionado anteriormente. ¿En qué situación podríamos ponerlo que haría que su habilidad para hacer malabarismos con tres grandes espadas afiladas pareciera ridícula?

. . .

Por lo general, uno de los mejores escenarios que resaltan las características o el comportamiento inadecuado de un individuo es el dormitorio, ya que el sexo suele ser un tema universal e interesante para la mayoría de las personas y tiende a ser una elección exitosa entre amigos (aunque generalmente es inapropiado en otras situaciones, como entre compañeros de trabajo, por lo que más adelante expondré varias formas de encontrar diferentes temas). ¿Qué pasa con esto?

"¿Te imaginas a ese tipo teniendo una chica en su habitación? (representación de una voz suave y sexualmente masculina) Oye, nena... ¿Quieres verme usar una espada grande y afilada?". (voz normal de nuevo) Ella dice (mordiéndose el labio, luego actuando en un tono de voz femenino) "Ummm... Sí, por favor" (volviendo a la voz masculina, ahora ya no sexualizada sino bastante excitada) " ¡Fantástico! ¡Déjame ir a buscar a los otros dos!"

En este último ejemplo, el hecho de que ya teníamos una base extraña para empezar (hizo malabares con tres espadas) hizo las cosas excepcionalmente fáciles. Sin embargo, ese no será siempre el caso. Afortunadamente, podemos simplemente dar atributos a las personas nosotros mismos.

.   .   .

Recuerdo una conversación que tuve con un compañero de clase en la universidad que hizo este punto. Acabamos de encontrar algo sobre el estilo de hablar de nuestro maestro que nos quedó grabado. Una vez que lo tuvimos, lo exageramos, lo llevamos a otro contexto y lo representamos como si esa exageración fuera cierta. Vamos a dividir este proceso en cada uno de estos pasos.

Comienza rastreando algo que es único y podría considerarse extraño en comparación con lo que es normal. Podría ser la forma en que este profesor se veía, hablaba, la forma en que vestía, su corte de pelo, su auto, cualquier cosa sobre él que se destacara. En este caso, elegimos el hecho de que hablaba… muy… despacio. Y pronunció cada palabra con mucho cuidado, y luego esperó un rato antes de pasar a la siguiente palabra. El comentario inicial salió fácilmente, seguido de una actuación.

"Este tipo suena como si estuviera dando un sermón.

.   .   .

(Actúa) "Hermanos y hermanas. Estamos reunidos aquí hoy en este lugar sagrado para hablar sobre el evangelio de San Rafael.

Se ha dicho que San Rafael creó este texto sagrado en el séptimo día, pero eso no es cierto, ¡oh hermanos, no se dejen engañar por tan diabólicas mentiras!

"¿Puedes imaginar cómo es él en el dormitorio?" (transposición a un nuevo contexto, ciertamente juvenil por motivos ya expuestos anteriormente, seguido de una nueva actuación) "Hermana, estamos reunidos aquí hoy para regocijarnos en el práctica de un pecado común.

"Unos minutos más tarde se va (nueva actuación, bastante enojado ahora) "¡Hermana! ¡No permitiré que uses el nombre de Dios de tal manera!"

"Él simplemente se detiene y comienza a exorcizarla.

(Actúa) "¡Fuera demonio! ¡Fuera!" (esta progresión se basó en la técnica de improvisación "Si esto es cierto, ¿qué más es cierto?" En este caso, la pregunta sería "Si es cierto que un sacerdote está teniendo sexo con una chica y se enoja porque dijo "Oh, Dios mío", ¿qué otra cosa podría ser verdad?"

Puedes encontrar que el tema del sexo es fácil de usar porque expone fácilmente el absurdo en casi todos los detalles. Toda idiocracia está llena de potencial humorístico si se exagera y se lleva al dormitorio de la misma manera. A la mayoría de las personas también les gusta hablar de ello, sin importar cuán infantil suene. Sin embargo, al repetir el mismo proceso con algunos ajustes menores, puedes ver con qué facilidad se aplicaría también a otros contextos: una reunión familiar, una cena de empresa, una entrevista de trabajo, un funeral, una boda, conocer a los padres de tu pareja, etc. Todos estos son contextos con un enorme potencial humorístico, tanto, si no más, como el sexo.

Finalmente, las actuaciones a menudo se usan socialmente para describir la ironía de lo que alguien dice y lo que dices en ese momento que parece contradecir lo que dijiste originalmente. Las actuaciones resaltan esta contradicción. Como un ejemplo simple, imaginemos que vas a comer algo con un amigo en una panadería local. Estás a punto de hacer tu pedido para que les preguntes "¿Qué quieres para comer?" a lo que tu amigo responde "Sí, lo que sea. Tú sigue y elige por mí". Una vez que la comida llega a la mesa, sin embargo, tu amigo dice "Bueno, no me gusta esto".

Esta es una buena configuración para una representación de dos partes. Durante la primera parte, exageras y resaltas el hecho de que tu amigo parecía estar de acuerdo con cualquier cosa. En la segunda parte destacas lo contrario.

Algo como esto:

(Haciéndote pasar por tu amigo, destacando tu mente abierta inicial, muy entusiasta) "Puedo comer cualquier cosa, me enorgullezco mucho de mi capacidad para no ser quisquilloso. Puedes traerme lo que quieras, lo comeré, No te preocupes, no te preocupes. Puedes elegir lo que quieras y yo me lo comeré y lo disfrutaré. (Sigues actuando como tu amigo, pero cambias ligeramente tu tono para aclarar que estás entrando en la segunda parte del acto) Bueno, no sabía que elegirías eso".

El "Sí... Y"

Cada persona en el planeta tiene una perspectiva única caracterizada por una forma única de ver las cosas, las personas y el mundo que los rodea, desarrollada tanto por sus genes como por sus experiencias a medida que avanzaban por la vida e interactuaron con ellos, con el medio ambiente y con los demás. El humor no es más que una herramienta para expresar tu punto de vista y explorar los puntos de vista de los demás. De esta manera, al compartir la perspectiva de los demás, podemos aprender sobre nosotros mismos y otras personas y crear conexiones entre nosotros al poder conectarnos y comunicarnos con ellos.

Una de las herramientas más efectivas que nos permite hacerlo proviene directamente de la comedia de improvisación. Se le conoce como "Sí Y". Básicamente significa tomar la opinión de otra persona, aceptarla y luego construir sobre ella con nuestra propia contribución individual.

Contrariamente a la creencia popular, "Sí y" no es una técnica que pretenda ser divertida en sí misma. En la improvisación, los improvisadores solo usan "Sí Y" hasta que encuentran "El Juego", que es algo peculiar o raro que se destaca por no estar a la altura de todo lo que ya se ha establecido. Una vez que los improvisadores encuentran el juego, usan otra herramienta, generalmente llamada "Si esto es cierto, ¿qué más es cierto?" o "Si esto es cierto, ¿qué más podría ser cierto?" (detallado en el siguiente capítulo), a través del cual toman el Juego y lo aplican en un nuevo escenario, haciendo asociaciones y generalmente haciendo que la situación sea cada vez peor para cumplir con la primera regla de la comedia enunciada en este libro. Si en lugar de llamarlo "El Juego" lo llamas "Un punto de vista o perspectiva específica presentada por alguien que se sale de la norma" podrás ver cómo este concepto podría aplicarse al humor conversacional.

Estas dos técnicas no solo se pueden utilizar en la producción de humor, sino también para desarrollar una conversación y hacerla más interesante, aunque inicialmente parezca aburrida. Si le preguntas a alguien "Oye, ¿cómo estás?" y te contesta con "No estoy mal, ¿y tú?" Y significa empezar por reconocer que lo que te acaba de decir la otra persona es su único punto de vista ("Hay algo que no me está haciendo sentir bien en este momento "), y ahora puedes usar Sí y para explorarlo interesándose en lo que siente esta persona.

La parte "Sí" del concepto significa aceptar que se sienten de esta manera en particular y no tratar de cambiarlo, mientras que la parte "Y" significa explorarlo, por lo que dices "Oh, ¿y qué es lo que te hace no cambiar? O ¿sentirte mejor?" o "Ah, y si pudieras hacer cualquier cosa, ¿qué harías qué te haría sentir mejor?". Una respuesta a cualquiera de estas preguntas te permitirá seguir desarrollando la conversación ya sea repitiendo el uso de esta herramienta o pasando a la siguiente y preguntando "Si esto es cierto, ¿qué más es cierto?"

Digamos que le preguntas a la persona "Oh, ¿y qué es lo que hace que no te sientas mejor?" y ella responde con algo que recientemente la ha irritado o frustrado. Imagínate que su respuesta fuera algo así como "Oh, mi hijo de 8 años fue al cumpleaños de su tío anoche y rompió un jarrón caro y ahora tenemos que pagarlo". Puede usar "Sí, y" para seguir explorando la situación, o si "Si esto es cierto, ¿qué más podría ser/es cierto?" si deseas ir tras el humor en él. Dado que este capítulo trata solo de la primera técnica, dejaremos la segunda para ser explorada en el próximo capítulo.

Ahora imaginemos que le has hecho a la persona la pregunta alternativa presentada anteriormente: "¿Y qué harías tú que ayudaría si se sintiera mejor?" y el personal contesta con "Bueno, eso es fácil, me iría de vacaciones".

Desafortunadamente, esta no es una respuesta lo suficientemente específica como para ser El Juego: no hay nada en ella que sea extraño o que se destaque, por lo que, al menos por ahora, debes seguir usando "Sí y" hasta que encuentres algo que pueda servir, una tabla de lanzamiento a la siguiente técnica. Así que podrías decir "Oh, sé exactamente lo que quieres decir, estos últimos meses nos han afectado a todos" (esto actúa como la parte "Sí": estás aceptando completamente que la persona se siente de cierta manera al relacionarse con ellos y está utilizando esto como una base que vale la pena explorar solicitando más detalles), y ¿tiene un lugar específico que le gustaría visitar?"

Ahora digamos que la persona responde "Sí, me encantaría ir a Hawái, pero tengo una niña pequeña en casa y no creo que pueda descansar ni un minuto si voy con ella". Ahora tienes una perspectiva única de ir de vacaciones que te permite elegir: puedes continuar con "Sí, y" y explorarlo más a fondo, o puedes intentar perseguir lo divertido con "Si esto es cierto, ¿Qué más es cierto?". Por el bien de este capítulo, sigamos solo con la primera opción, que en este caso podría llevar a la pregunta "Oh, ¿ella es una pequeña alborotadora? Y asumo que tampoco es la mascota de ningún maestro en la escuela". En esta oración, comenzó aceptando explícitamente su oferta como base (su hija realmente es una creadora de problemas) y luego construyó una capa adicional en la parte superior que todavía está lógicamente relacionado con esa base. Esto podría hacer que la persona dé algún detalle adicional, como "Sí.

· · ·

Su profesora me llamó el mes pasado porque le tiró un bolígrafo a un niño que la estaba molestando". Ahora tienes una situación más en la que puedes elegir qué técnica adoptar.

Hay algunos conceptos básicos a tener en cuenta al usar esta técnica. La primera, como traté de aclarar a lo largo de este capítulo, es que no hay necesidad de decir explícitamente "Sí, y...". Aunque se suele recomendar a los improvisadores principiantes que digan estas palabras en voz alta hasta que tengan una comprensión firme de la técnica, todo lo que esta herramienta significa es que tomas lo que otra persona te ha dicho como una oferta y la aceptas. No rechazas ese sentimiento diciendo "No, eso no es cierto, realmente no sientes eso", no dices "Sí, pero...", como en "Sí, te sientes frustrado por tu hija, ¿pero no disfrutas también de los momentos que pasáis juntas?". En cambio, aceptas lo que te ofrecen por completo. Y luego exploras ese sentimiento más profundamente y persigues los detalles lógicos.

Otra cosa importante a tener en cuenta es que "Sí y" a veces puede requerir que digas "No", y seguirá funcionando como técnica. Por ejemplo, si la persona de los ejemplos anteriores te pregunta "¿Sabes cómo se siente?", podrías responder "No, pero..." y, sin embargo, aceptar plenamente el sentimiento subyacente de la conversación. "No, pero me imagino que debe sentirse bastante difícil" y luego construir sobre lo que se dijo de todos modos.

Aunque este no es el propósito previsto de esta técnica, en realidad es posible usar "Sí y" para crear una broma independiente. Una vez estaba tomando una copa con una chica que estaba a punto de terminar la carrera de medicina.

Mientras me contaba sobre su primera autopsia la semana anterior y me guiaba a través de sus sentimientos de disgusto mezclados con interés a medida que avanzaba, vi una manera de poder hacerla reír. Le pregunté: "Oh, wow (nota cómo esta es la parte del Sí: estoy diciendo que estoy de acuerdo en que lo que ella pasó fue digno de mención y realmente sucedió), y ¿alguien más sabe qué hiciste esto?"

También podría haber terminado con "¿Y le has contado esto a alguien más?" pero hasta el día de hoy todavía no siento ninguna diferencia entre las dos líneas. Ten en cuenta, sin embargo, cómo en esta segunda parte no solo estoy usando "Sí, y", sino también dos de las técnicas discutidas anteriormente.

. . .

"Sí, y" es la primera parte de una técnica de improvisación conocida como "Explore and Heighten". Ten en cuenta que en todos estos ejemplos aún no has subido las apuestas, sólo has explorado el campo de juego en el que se encuentra en este momento. Pensar en las posibles consecuencias de lo que se ha dicho y llevar las cosas al siguiente nivel es algo reservado para la pregunta "Si esto es cierto, ¿qué más es cierto?", que se explorará en el próximo capítulo.

Por último, ten en cuenta que, aunque en este capítulo todos los ejemplos proporcionados representan la perspectiva de otra persona sobre un evento determinado, puedes aplicar estas técnicas exactas a tu propio punto de vista su opinión sobre cualquier tema determinado.

13

La Técnica: Si Esto Es Cierto, ¿Qué Más Es Cierto?

EN ESTA TÉCNICA, tomas lo que aprendiste con la herramienta anterior y vas un paso más allá, exageras y amplificas lo que dijiste y lo llevas al siguiente nivel. Básicamente, estás repasando lo que has aprendido antes. Pero incluso si "Si esto es cierto, ¿qué más es cierto?" suele seguir lo descubierto y explorado con un "Si...Y" para realzar o exagerar algo extraño que se sale de lo común (también conocido como "El Juego" como elemento de improvisación o diversión que se quiere explotar). Estos son algunos casos en los que el uso de frases "Sí y" no es necesario, porque "El Juego" se presenta como un elemento inapropiado que se mimetiza orgánicamente con el entorno.

. . .

Veamos un ejemplo práctico. Una vez, mientras disfrutaba de mis vacaciones en Italia, mientras volvía en tren al hotel, dos personas vestidas de azafatas subieron y se sentaron frente a mí. Esto debería hacer que tu corazón bombee de inmediato.

Este es el elemento incómodo fuera de lugar, lo que no parece encajar, "El Juego". Y se me presentó a través de la misma situación, sin que yo tuviera que salir a buscarlo.

Ahora que tengo algo que resaltar, que siendo dos personas vestidas como si estuvieran en un vuelo mientras viajan en un tren, puedo comenzar a preguntarme "Si esto es cierto, ¿qué más es cierto?". "Si hay dos personas vestidas como si estuvieran en un vuelo en un tren, ¿qué más hay de cierto?"

Habiendo preguntado eso, puse una cara seria y asustada, me volví hacia ellos y les pregunté: "Este avión no va a despegar, ¿verdad?". Esto provocó una risita en uno de ellos y una sonrisa en el otro, pero decidí presionar para dar un paso más al hacer otra pregunta: "Si es cierto que este avión despegará, ¿qué más es cierto?" lo que a su vez me permitió concluir mi pensamiento con: "Porque le tengo un miedo horrible a las alturas", lo que aumentó el efecto cómico de la parte inicial de la oración.

. . .

Es fácil ver cómo esta conversación podría continuar repitiendo estas preguntas. "Si es cierto que tengo un miedo terrible a las alturas y es cierto que este avión está a punto de despegar, ¿qué más es cierto?" Podría enfermarme, podría desmayarme, podría comenzar a sentir miedo o nerviosismo.

Por esta razón, podría pedir una bolsa de plástico, o preguntar si hay un médico a bordo, o enviar un mensaje de texto de despedida a mis amigos, o rezar. Las posibilidades de mantener el intercambio entre estos dos extraños y yo de forma lúdica son infinitas. Podría actuar como un pasajero molesto de una manera claramente exagerada y juguetona para burlarme de esas personas y hacer reír a estos dos que preferirían ver a ese tipo de pasajeros como un objetivo para el humor. O poder decidir esto es suficiente y restablecer la interacción cambiando a otro tema de conversación, que fue la elección que terminé haciendo.

Lo que pasa con "Sí y" y "Si esto es cierto, qué más podría ser cierto" es que son técnicas de conversación más que herramientas de comedia. El objetivo de "Si esto es cierto, ¿qué más podría ser cierto?" no es crear frases graciosas o hacer chistes rápidos. En cambio, estas técnicas están destinadas a crear una realidad alternativa en la que tú y tu compañero de conversación se aventuren momentáneamente y lo hagan divertido. Si esto es gracioso o no o los haces reír, no es el punto.

El objetivo es compartir experiencias. Es más, como un juego cooperativo que un espectáculo individual. Si estás tratando de ser gracioso, probablemente estés robando el poder de la comunicación. Puedes hacerlo demasiado increíble, demasiado absurdo o demasiado ridículo hasta el punto en que no tenga sentido y te quedes atascado.

Incluso si logras reírte, lo que es poco probable, lo haces a costa de crear una historia más grande que podría dar lugar a chistes mejores y más consistentes y humor de devolución de llamadas (lo que significa referirse en broma a los detalles de esta historia inventada en el futuro) interacciones con esa persona, estas historias son una fuente infinita de los llamados "chistes internos", que también pueden hacer que el vínculo entre tú y la otra persona sea más estrecho al crear algo que solo ustedes dos tienen y entienden, creando así una dinámica de "Nosotros contra el mundo" que los acercará más.

· · ·

Debido a que el objetivo de estas historias no es ser graciosas o hacer reír, no utilizarás muchas de las herramientas cómicas que se explorarán más adelante en el libro.

En su lugar, la más útil de estas técnicas, que te ayudará inmensamente a la hora de crear estas realidades, es el acto, a través del cual puedes dar voz y retratar exageradamente a cualquiera de los personajes que presentarás a lo largo de estas pequeñas aventuras.

Para ver esto en la práctica, echemos un vistazo al primer ejemplo presentado en el último capítulo.

El truco para construir una historia y actuar con este ejemplo es tener en cuenta las verdades fundamentales de toda la situación: la madre es una figura paterna y la hija es su única hija pequeña con la inocencia y la inconsciencia de todos los demás. las limitaciones sociales que los rodean y las posibles consecuencias sociales de sus acciones. Debes construir tu escenario "Sí y" teniendo en cuenta tanto la verdad sobre los personajes como la relación entre ellos. Tu pensamiento podría ser algo como esto:

Si la madre tiene razón en su temor de que la hija sea

problemática y encuentre constantemente la manera de molestarla, si eso es cierto, ¿qué más podría ser cierto?, teniendo en cuenta que estamos hablando de un niño que tiene 8 años y, por lo tanto, es propenso a ser ajeno a las señales sociales y las reacciones de otras personas a sus acciones. Ahora podemos empezar a formar cualquier historia a partir de una miríada de posibilidades que siguen todos estos principios.

Queremos crear una historia en la que quede claro que la madre está tratando de disfrutar de sus vacaciones y relajarse, pero las acciones de su hija la llevan a situaciones incómodas, estresantes o vergonzosas. Un ejemplo sería: "Te imagino sentado en la playa al lado del hotel y tu hija apareciendo con uno de esos carritos de servicio a la habitación y diciendo (actúa) "¡Mami! ¡Mira lo que encontré en la casa!

Es un carrito lleno de comida. También. Creo que el hombre que hizo la comida quiere saber si te gusta porque me siguió gritando todo el camino hasta aquí. ¡Mira, aquí viene!"

Veamos otra alternativa y deconstruyamos el proceso nuevamente. Recuerda: necesitamos realzar la poca información que tenemos. Empecemos por aceptar todo: aceptamos que la hija está muy agitada e inquieta y que la madre tiene miedo de no poder relajarse por eso si se van de vacaciones. ¿Cómo podemos aumentar tanto la agitación de la hija como el miedo de la madre? Si ambas cosas son ciertas, ¿qué más podría ser cierto? ¿Qué podía hacer la hija que justificara plenamente las inquietudes de su madre? Al pensar así, otra posible respuesta podría ser preguntar "¿Tienes miedo de que accidentalmente conquiste la isla?"

Esto exagera los rasgos de su hija, así como sus miedos a su alrededor, y el uso de la palabra "accidentalmente" hace que esta exageración se destaque aún más. Luego, puedes crear un escenario de juego de roles completo en torno a esto y seguir preguntando "Si su hija conquistó la isla de Hawái mientras estaban de vacaciones, ¿qué más podría ser cierto?" Te despiertas en tu primer día de vacaciones con tu hija guiando a un hombre extraño a la habitación del hotel y diciendo "Hola, mamá. Este es Pedro. Ahora es nuestro asesor militar. Cualquier cosa que necesites, pregúntaselo a Pedro. No, no te levantes María vendrá enseguida con el desayuno. Voy a ir a darme un baño ahora. Sin embargo, te necesitaré listo en 30 minutos, tengo una reunión y necesito que me lleves al Parlamento".

· · ·

Observa cómo hemos mantenido las dos reglas anteriores para ambas variantes.

Nos sorprendimos y destacamos la inocencia y la falta de la niña. No podía interpretar correctamente las acciones de los demás y mantuvo la relación original con su madre. Si en alguno de estos escenarios hubiéramos alterado su relación con su madre, por ejemplo, haciéndola desdeñosa o enojada, habríamos perdido el elemento realista, y la audiencia junto con él. En cambio, se mantuvo fiel al original a la conexión original entre estas dos personas, y por esta razón ambos personajes siguen siendo realistas y reconocibles. De lo contrario, nos habríamos arriesgado a perder la audiencia al eliminar el realismo fundamental.

El segundo ejemplo, donde la madre especifica una acción de su hija (tirar su bolígrafo a un compañero de clase que la estaba molestando) nos proporciona algunos detalles más para usar. Podríamos crear una historia a partir de este evento preguntándonos "Si esto es cierto, ¿qué más podría ser cierto?" Si es cierto que esta chica es capaz de lastimar a uno de sus compañeros arrojándole un bolígrafo, ¿qué más podría ser cierto? Podría ser cierto que es muy buena eliminando a cualquiera que la moleste, o que es muy buena jugando a los dardos y podría ser una potencial campeona nacional en ciernes. Una vez que nos encontramos con todas estas opciones, hay varias formas de responder, algunas más divertidas que otras.

Una posible respuesta podría ser "Oye, tengo un compañero de trabajo llamado Jaime y él es un dolor de cabeza. "¿Crees que yo podría tomar prestada a su hija por un día?"

Ten en cuenta cómo en este escenario había una capa adicional oculta donde preguntamos "Si es verdad que es muy buena para eliminar a los que la molestan, ¿qué más podría ser verdad?" "Puede ser cierto que es buena para eliminar a las personas que me molestan también" o "Puede ser bueno para acabar con las personas molestas en general" y el objetivo del seguimiento en este último caso no sería una persona al azar con la que trabajas llamada Jaime, sino tal vez alguien que tiene una posición de poder que crees que tanto tú como tú el compañero de conversación probablemente lo consideraría molesto.

Alternativamente, si decidimos optar por la opción de los dardos, podríamos decir "Siento cierto potencial. Podríamos estar lidiando con un prodigio. La próxima vez que vaya a la escuela, reemplace todos sus bolígrafos por dardos.

. . .

Hagamos una prueba que normalmente hacen los niños para ver si entran en el equipo nacional de dardos. Cada vez que le dispara uno al otro niño, si él se da la vuelta para quejarse, obtiene un punto. Si grita de dolor, obtiene 10 puntos. Si se queda dormido, ella gana el juego". También podríamos simplemente exagerar su habilidad para lanzar cosas, tal vez diciendo algo como "Eso me huele como un futuro campeón olímpico de lanzamiento de pesas".

Ahora podemos seguir escalando la situación preguntándonos "Si es cierto que ella podría ser una futura campeona olímpica, ¿qué más es cierto?". "Necesitamos someterla a un extenso régimen de entrenamiento, comenzando de inmediato. Dígale que, la próxima vez, en lugar de arrojarle algo a su compañero de clase, debe arrojar a su compañero de clase él mismo. Haremos que lo haga unas semanas más, luego pasamos a su maestra. Más o menos unos meses estará lista para los nacionales".

Podemos ver cómo se combinan tanto esta técnica como la anterior al recordar una broma hecha mucho antes en el libro.

.   .   .

Max: "Cuando estaba en España, fui a Madrid. Toda la investigación que hice antes del viaje me hizo creer que había que pagar un peaje antes de entrar a Madrid con un precio bastante alto. Sin embargo, por alguna razón, no recuerdo pasar ese peaje. Entramos y salimos de la ciudad sin pagar nada más que el estacionamiento. Tengo un poco de miedo que pasé algún tipo de peaje sin pagar y que me envíen una multa. Yo: "Oh, sí, he oído que eso sucederá antes (sí, eso sucederá, y tus temores están absolutamente justificados). Y no creo que sea solo una multa, creo que tendrás que ir a la corte (elevando la situación, empeorándola). Pedro: En España (si va a juicio, ¿qué más podría ser cierto? Podría ir a juicio en España, empeorando la situación aún más).

Yo: Y tendrás que volver a pagar el peaje (si es verdad que va a ir a juicio en España, y es verdad que hay un peaje enorme que pagar en España que no pagó la primera vez, qué más da ¿verdad? Probablemente tendrá que pagar el peaje de nuevo para llegar al juzgado).

14

La Eliminación Del Contexto Y Los Juegos De Palabras

LA DESCONTEXTUALIZACIÓN ES TAMBIÉN uno de los tipos más comunes de humor conversacional. Requiere tomar una oración dada y mirarla literalmente, eliminando todas las sutilezas del contexto y reinterpretándola bajo esta nueva luz, no como se pretendía, lo que provoca sorpresa y, por lo tanto, risa. Para crear tales chistes, debe estudiar la oración que se le dio y buscar palabras que puedan interpretarse de una manera diferente. Luego tomas lo que se dijo literalmente, en lugar de usar el contexto original previsto. En suma, esto significa que comienzas cuestionando lo que estás asumiendo cuando escuchas una oración o presencias un evento. Estas suposiciones son el contexto obvio y las intenciones detrás de lo que está pasando. Una vez que aísla todas las suposiciones que está haciendo, las descarta e interpreta el evento como si no hubiera ningún contexto.

. . .

Es más fácil decirlo que hacerlo porque estamos tan acostumbrados a ciertos contextos que puede ser difícil apagar nuestros cerebros y eliminar los significados asumidos de cada palabra e interpretarlos como sin sentido o diferentes de lo que se pretendía. Una buena manera de abordar esto es imaginar que eres un extraterrestre o un niño que acaba de llegar a la Tierra e interpretar la situación desde su perspectiva.

Antes de profundizar más, ten en cuenta que este es, con mucho, el culpable más frecuente cuando se trata de crear momentos incómodos. Es un tipo de humor muy arriesgado por eso. Al sacar lo que se dijo fuera de contexto y reinterpretarlo verbalmente, está rompiendo el flujo de la conversación. Esencialmente le estás diciendo a la otra persona: "Sé que quieres que la conversación se desarrolle de esa manera, pero no quiero, así que lo tomaré de esta manera a la fuerza".

Dependiendo del estado de ánimo actual o del sentido del humor general de esa persona y de todos a su alrededor, esto puede o no terminar bien. Esta es también la fuente de lo que se conoce como humor de papá. Por ejemplo, echemos un vistazo a esta mordaza exagerada. Alguien dice "Llámame médico". Dado el contexto, es obvio que la persona quiso decir "Llama a un médico para que venga a ayudarme". Sin embargo, imagina por un segundo. eres un extraterrestre con solo un conocimiento básico del idioma inglés, y un extraño de repente se te acercó en la calle y te pidió que lo llamaras médico.

Dado el hecho de que el verbo "llamar" permite una segunda interpretación más literal, ¿cuál sería su respuesta más inmediata? "Tú eres un doctor". Ese mismo pensamiento se puede aplicar a la oración "Di que lo sientes", a la que ese ser respondería con "Lo sientes".

En los ejemplos anteriores, los verbos "llamar" y "decir" son dos ejemplos de lo que comúnmente se conoce como doble sentido, que ocurre cuando usa una palabra que admite dos interpretaciones diferentes: una que, debido al contexto del chiste, permite al espectador asumir un final, y un segundo que se desvela durante la segunda parte del chiste, que sorprende al espectador al producir un final diferente.

Como sabrás, esta técnica tiene la reputación de ser bastante infantil, lo que no es exactamente desapro-vechado.

. . .

Por lo general, los dobles sentidos tienen un propósito sexual y, por lo tanto, se consideran bastante infantiles y poco sofisticados. Un ejemplo de un doble sentido sería alguien que dice "No me gustan las matemáticas, es bastante difícil" y alguien más responde "Nunca antes te detuvo". Para crear este tipo de humor, todo lo que se necesita es estar atento a cualquier palabra que pueda insinuar un significado secundario que el hablante no pretendía. Para crear una broma sexual, esas palabras incluirían, entre otras: golpe, áspero, cabeza, duro, largo, doloroso, grande, así como los verbos venirse, escupir y tragar.

Sin embargo, los dobles sentidos no tienen que ser sexuales o usarse como "bromas de papá". Todo lo que se necesita es encontrar una palabra en una oración que permita una secundaria que pueda ser explotada ignorando el contexto original previsto. Durante la pandemia actual, las palabras "positivo" y "prueba" también adquirieron un nuevo significado. La frase "Mantengámonos todos positivos" permitió rápidamente respuestas como "No lo hagamos". Para crear estas respuestas, todo lo que necesitas es escuchar atentamente una palabra que pueda interpretarse de más de una manera, y luego tomar ese enfoque no deseado y usarlo como si el hablante quisiera usarlo en su frase original. En este último ejemplo, si mentalmente reemplazas "positivo" junto a "positivo por covid-19", y luego reescriba mentalmente la oración que dijo la persona en "Seamos todos positivos por covid-19", una de las respuestas válidas sería "No lo hagamos".

Para un mejor ejemplo, toma la oración "No servimos a niños en este establecimiento". Claramente, el contexto pretendido aquí sería "Solo atendemos a mayores de edad en este establecimiento". Sin embargo, volvamos a nuestra forma de pensar. Eres un extraterrestre y acabas de llegar al planeta con solo un conocimiento básico del idioma inglés.

Mientras caminas por la calle, alguien se vuelve hacia ti al azar y te dice "No sirvo a niños". En este caso, no se suscribiría al contexto original, y entendería que servir a los niños significa "No ofrezco niños como bienes".

Armado con este nuevo contexto, ahora puedes dar un paso atrás en la realidad y fingir que el servidor realmente ha dicho "No ofrecemos niños como bienes en este establecimiento". Ahora puedes dejar que tu imaginación elabore una buena respuesta. Un ejemplo sería "Está bien, ya tengo suficiente en casa" o tal vez "Perfecto, primero quiero poner mi vida en orden".

· · ·

En inglés, dos de las mejores palabras que permiten el uso de esta técnica son "para" y "gratis". Por ejemplo, toma la oración "Oye, acabo de comprar un auto nuevo para mi esposa". La palabra "para" en esta oración permite dos interpretaciones diferentes: "Compré un auto nuevo para ofrecérselo a mi esposa" (el significado previsto, dado por el contexto) o "Compré un auto nuevo a cambio de mi esposa". Al adoptar este segundo significado, ahora tiene acceso a una respuesta como "Guau, te conseguiste un trato bastante bueno".

Como ejemplo final, echemos un vistazo a la palabra "gratis" en la oración "¿Estás libre esta noche?". Una vez más, tenemos el contexto original previsto de "no ocupado", pero también tenemos otra opción que es "sin costo". Al asumir esta segunda interpretación, ahora podemos responder algo como "No, pero esta noche es La Hora Feliz". Si compras uno de mí, obtienes dos gratis".

Sin embargo, la idea de eliminar el contexto no solo se aplica a las palabras. También se aplica a las situaciones en su conjunto. Imaginemos que alguien dice "Esta billetera se ha perdido en la ciudad con más de $1,000 dentro. El dueño ofrece $100 como recompensa a quien la encuentre". Si quitas todo el contexto de esto, lo que sucede es que una persona está ofreciendo $100 para obtener una billetera que vale $1,000. Entonces, una declaración para hacer aquí sería "¡Ofrezco $150!".

Juegos De Palabras

Aunque personalmente no es mi tipo de broma favorita, jugar con las palabras y sus significados es una de las formas más comunes de generar humor. Reciben una mala reputación por ser una técnica bastante antigua y usada en exceso y no adecuada para el humor conversacional. Pero también son bastante encantadores, y algunos autores los consideran un tipo de humor más suave y autocrítico en el que el hablante se ríe de sí mismo sin que sea obvio y, como hemos visto, ese tipo de humor tiende a aumentar la credibilidad de la conversación y la humanidad del orador a los ojos del público.

Aunque en el stand-up este tipo de chistes funcionarían como uno solo, es decir, el hablante iniciaría y terminaría el chiste por sí mismo, en el humor conversacional lo que sucede es que un hablante ofrece la primera parte del chiste y otro habla toma una palabra clave y la usa en una respuesta que aproveche un significado secundario de esa palabra. Aunque un chiste que utiliza esta forma en un idioma no suele traducirse fácilmente a otro, las ideas que hacen posible este tipo de humor son universales. Sin embargo, requieren un conocimiento profundo del vocabulario y modismos del idioma hablado.

Un juego de palabras es una palabra que suena similar a lo que se pretende que tenga y donde dos significados pueden ocurrir al mismo tiempo y ambos tienen significado. Por ejemplo, suponga que lee en las noticias que alguien perdió un brazo mientras trabajaba en un sitio de construcción local después de un terrible accidente. Si le gusta el humor negro, debería hacer que su cabeza dé vueltas cuando palabras o frases que suenan similares toquen asociaciones rápidas de "brazo" o "mano". "No más limosnas para ese joven" o "Estaba dando un brazo y una pierna para ese proyecto, pero lo detuvieron demasiado pronto" vienen a la mente. Puedes incluso llevar esto un paso más allá y usar el hecho de que el brazo se perdió debido a un accidente de corte y asocies eso con otra expresión para insertar otra broma aquí y decir "Él estaba dando un brazo y una pierna para ese proyecto, pero él fue truncado." Si en lugar de un brazo la persona hubiera sido decapitada, el chiste más fácil sería: "A ese joven le costará salir adelante en la vida ahora".

Puedes crear estos chistes averiguando cuál es la palabra clave de la historia que se cuenta y combinándola libremente con palabras o expresiones que suenan similares, envuelve tu cabeza alrededor de algo, pierde la cabeza por algo/alguien, enloquece, mirar algo al girar tu cabeza, mantén tu cabeza en alto. Usar estas expresiones como juegos de palabras funcionaría sin mucho esfuerzo en el escenario anterior. Y la misma línea de pensamiento se aplicaría para la palabra "mano". Eventualmente podrías llevar esto un paso más allá y crear chistes más elaborados preguntándote "¿Y sí?" e imagina qué posibles escenarios lógicos podrían resultar de esta situación.

En definitiva, si quieres crear este tipo de humor, necesitas estar familiarizado con bastantes modismos del idioma que estás hablando, así como tener suficiente vocabulario para poder asociar palabras que suenen parecido. Después de eso, es una simple cuestión de tomar una de las palabras clave en una oración, ya sea que esa oración provenga de otra persona hablando o de una historia, y asociarla con un significado diferente que podría tener la misma palabra y reinterpretar la oración original bajo ese nuevo significado (un "doble sentido") o con una palabra que suena similar o una expresión que la usa (un "juego de palabras"). Si te gusta este tipo de humor, puedes estar seguro de que con suficiente práctica es más fácil detectar palabras que pueden traducirse en dobles sentidos o juegos de palabras, así como también asociarlas rápidamente con palabras que suenan similares.

15

La Mezcla De La Actuación Y La Imitación De La Frustración

ESTA FÓRMULA SIGUE los conceptos presentados en el Capítulo 12. En este capítulo, sin embargo, solo se introdujo el concepto de técnica de actuación y su aplicación, pero no se dieron instrucciones para elegir un nuevo contexto y aplicar el trabajo de actuación. Sin embargo, existe una técnica popular para elegir este contexto y tema de fondo para el chiste: elige un contexto que sea completamente opuesto a cómo sonará y se verá tu presentación.

Esto es más fácil y más comprensible si se piensa en términos de profesiones. A modo de ejemplo, enumeremos todos los rasgos que podríamos asociar con la profesión de educador de jardín de infancia: paciencia, tranquilidad, alegría, etc.

· · ·

¿Cuál sería el opuesto de esos rasgos? Impaciente, irritable, fácilmente enfadado.

¿Cuál sería una profesión en la que con frecuencia se esperaría que las personas mostraran estos rasgos? Probablemente un sargento de instrucción.

Ahora, para hacer nuestra actuación opuesta, todo lo que necesitamos hacer es que esos dos personajes cambien de lugar.

Comencemos colocando un sargento de instrucción en un jardín de infantes. Este es "El Juego", nuestra gran mentira, este es el elemento fuera de lugar que solemos buscar cuando usamos la técnica "Sí y". Ahora que lo hemos encontrado, podemos explorar más la situación con una serie de preguntas "Si esto es cierto, ¿qué más es cierto?". A saber: si es cierto que tenemos un sargento instructor enseñando a niños de jardín de infantes, ¿qué más es cierto? De aquí en adelante actuaremos como actuaría honestamente el sargento si se le pusiera en esta situación en la que trata a sus alumnos como si estuvieran en una academia militar. Esta es esencialmente una Relación Metafórica.

· · ·

"¡¡JAIME!! ¿QUÉ CREES QUE ESTÁS HACIENDO?

¿Eso te parece un muñeco de nieve? ¡Por el amor de Dios! ¡Tú, gusano! ¡¿Nunca has usado un crayón antes?!

¡Hola a todos los demás! ¡Mira lo que dibujó Jaime!

¡Dibujó dos círculos vacíos unidimensionales con una bola de boliche encima! ¡¿Sabes lo que significa?! ¡Significa que Jaime quiere que todos ustedes sufran! ¡Quiero que todos digan "Gracias, Jaime", ¡y luego se tiren al suelo y me den treinta! ¡¡Ahora!! Y no te levantarás, no jugarás y ni siquiera comerás hasta que Jaime me dibuje un muñeco de nieve decente o hasta que tus manos sean tan delgadas como las manos que Jaime dibujó en esta maldita aberración".

Y ahora también podemos actuar como el educador anterior que ha sido transferido a la academia militar y está actuando con los militares como si fueran sus alumnos anteriores.

"Ahora, ahora. Entiendo que están todos muy enojados. Y tal vez piensen que tienen una razón para estar enojados.

. . .

Por lo que he escuchado, lo que hizo la gente no fue muy justo. Pero la ira no los llevará a ninguna parte. ¿Qué quiero que hagas ahora? Escucha atentamente, ¿de acuerdo? Lo que quiero que hagas es que bajes las armas, salgas y te des la mano. No, no. No me importa quién empezó. Nadie se irá a casa hasta que te das la mano".

Volvamos al ejemplo del maestro que introdujimos en alguno de los capítulos anteriores.

En ese momento, nos enfocamos en el hecho de que hablaba muy despacio y parecía como si fuera un sacerdote dando un sermón. Procedimos a actuar para exagerar esta característica y luego transpusimos esa actuación al dormitorio porque pensamos que sería divertido ya que el sexo es un tema universal. Sin embargo, aunque el sexo suele funcionar como un tema universal porque es interesante y entretenido para la mayoría de las personas, probablemente no sea la mejor opción para este caso. La razón de esto es que a menudo queremos transportar nuestras actuaciones a situaciones que resalten todo lo contrario de lo que estamos exagerando.

. . .

Para continuar con este ejemplo, si estamos representando a alguien que habla muy lento y con muchas pausas, el mejor contexto para traer esas deficiencias sería una profesión conocida por hablar mucho más rápido que el promedio, y cuanto más se asocia con él mejor para que este acto funcione. ¿Qué podría ser tal profesión? Probablemente un comentarista deportivo, que se sabe que es muy entusiasta y enérgico. La entrega de este chiste dependerá en gran medida de su tono de voz o tono, ya que narra lo que sucede en el campo de la manera más lenta y tranquila posible.

IMITAR LA FUENTE DE LA FRUSTRACIÓN

Esta es una gran técnica para usar con personas en la administración pública y se presta a la regla cómica general de empeorar las cosas. A menudo, estas personas se enfrentan a clientes difíciles que parecen actuar solo por el deseo de complicarles el día y no tienen más remedio que tratar de complacer al cliente.

Al imitar al cliente de una manera burlona, ahora se está burlando de un objetivo digno de burlarse a sus ojos, y le da la oportunidad de descargar sus frustraciones con ese tipo de personas. Chistes como este muestran que eres lo suficientemente inteligente socialmente para reconocer que el comportamiento de la otra persona es inapropiado y puede acercarte más al empleado con el que estás hablando porque demuestra que estás en sintonía activa con sus sentimientos durante todo el tiempo. mediante el hecho de que puedes reflejarlos de vuelta. Todo lo que tiene que hacer es repetir este patrón cuando note que un cliente está claramente intimidando a la persona que lo atiende y exagerando su estado o haciéndolo absurdo.

En su libro el psicólogo y ex agente del FBI John Schaeffer hace uso de esta técnica cuando ve a un cliente gritando a un empleado por no obtener lo que quiere. Una vez que Schaeffer se acerca al mismo empleado, le pregunta "¿Puedo gritarte ahora?", lo que a su vez hace que el empleado se ría y, por lo tanto, alivie su frustración a través de la risa. Ten en cuenta que la redacción exacta no es lo más importante, Schaeffer podría haber dicho "Dime cuándo puedo gritarte" y tendría el mismo efecto.

El punto es tomar la fuente de la frustración y la ira de la persona y retratarla de una manera absurda.

Recientemente, mientras almorzaba en un restaurante local, un cliente se acercó al mostrador y pidió un pequeño muffin. Después de ser informado de que estaba en un restaurante y no en una panadería, gritó algunas blasfemias y se fue furioso. Aparentemente, esta no era la primera vez que sucedía algo así, y ese mismo cliente con frecuencia repetía el mismo truco. Al final de la comida, cuando el empleado del restaurante que tenía que lidiar con la situación se acercó a nuestra mesa preguntando si queríamos un café, hice el simple comentario "Sí, por favor. Y si pudieras traer unas hogazas de pan eso sería delicioso", lo que la hizo reír ya que estaba pintando una fuente de frustración para ella de una manera claramente absurda y burlona.

Una técnica similar a esta no requiere que otras personas estén directamente involucradas en la situación; puede funcionar con cualquier objeto que funcione mal o que exaspere, o también con alguna otra restricción. Imagina que vas a una tienda, pero la caja registradora no funciona como debería, por lo que debes acompañar al empleado a otro lugar para realizar el pago.

Se nota cómo este tipo de experiencia sería muy frustrante para el empleado, que tiene que caminar de un lado a otro cada vez que alguien hace un pedido.

En este punto, te preguntas qué lo haría más exasperante y dejas que la respuesta dicte tu próxima acción.

Una vez que estés de vuelta, después de pagar y recibir tu pedido, podrías decir algo como "¡Maldita sea! Yo también quería un café, se me olvidó". Esto provoca mucha tensión en el empleado, que probablemente ha tenido que lidiar con varias personas haciéndole esto durante todo el día. Una vez que le dices que solo estás bromeando, a menudo se ríe como resultado de la liberación de esa tensión. Sin embargo, ten cuidado con esta técnica, ya que los resultados variarán mucho de persona a persona y es posible que algunas personas no la encuentren tan divertida. Otra forma en que suele surgir esta técnica es que, después de que un empleado de un restaurante te dice una larga lista de lo que podrías pedir de postre, le preguntas "Lo siento, no estaba prestando atención, ¿qué vino después del helado?" o "Lo siento, me perdiste en (sea lo que sea lo primero que dijeron), ¿podemos repasarlo de nuevo?" o "¿Cuál fue la tercera opción?"

La apuesta más segura cuando se trata de aplicar esta fórmula es no darle ningún trabajo extra a la persona que lo atiende. Mientras estaba de vacaciones puntualmente, fui a un café local y me senté en la terraza. Cuando la camarera vino a tomar mi pedido, hizo algún comentario sobre el frío que hacía afuera y que no traía la ropa adecuada para combatir el frío. Entonces, cuando finalmente regresó para cobrar el pago, fingí contar mi

cambio, luego me equivoqué en las matemáticas y reinicié
hasta que se dio cuenta de que estaba jugando con ella y
se río.

Esto funcionó por varias razones:

a) En realidad no la obligué a hacer trabajo extra; si le
hubiera dicho que quería otra cosa y la hubiera hecho
volver a entrar, eso no tendría nada de gracioso, simplemente sería molesto.

b) Ya había ganado algo de confianza con ella, siendo
un asiduo, buen cliente.

c) Tuve en cuenta su lenguaje corporal y cuánto
tiempo realmente estaba tomando.

Le tomó de entre 10 a 15 segundos darse cuenta de que
estaba bromeando, si hubiera tomado más tiempo, lo más
probable sería que se molestara, lo que significa que, si
me di cuenta, me estaba tomando un tiempo sin que ella
se diera cuenta de lo que estaba pasando, dejaría de jugar
y seguiría adelante. El único error que veo que la gente
comete mucho cuando trata de hacer esto con los meseros
o camareras es que terminan obligándolos a hacer trabajo
extra de todos modos, qué es exactamente el tipo de
comportamiento que estás tratando de ridiculizar.

ESTAR DE ACUERDO CON CUALQUIER ACUSACIÓN

. . .

Este es un uso común para "Si esto es cierto, ¿qué más es cierto?" técnica de improvisación detallada en uno de los capítulos del libro.

La idea aquí es que una vez que te acusan de ser algo, cualquier cosa, incluso un poco negativo, niegas esa acusación, pero luego pasas a actuar como si fuera verdad de todos modos.

Por ejemplo, supongamos que tú y un compañero de trabajo están trabajando juntos en un proyecto de grupo. En algún momento, tu compañero de trabajo dice algo como "Necesito decirte algo. A veces no me gusta trabajar contigo, me presionas demasiado y controlas mucho lo que estoy haciendo." El primer paso para usar esta técnica es negar la acusación: "No, no lo hago, ¿de qué estás hablando". El siguiente paso, posiblemente el más importante, es preguntar: "Si esto es cierto, ¿qué más es cierto?". Estoy presionando mucho a esta persona y la estoy controlando demasiado, ¿qué más es verdad? ¿Cómo actúo? ¿Qué digo o hago? Y luego reaccionas en consecuencia.

. . .

Por lo tanto, para mantenerse al día con este ejemplo, diría algo como "No, no lo sé, ¿de qué está hablando? Solo necesitamos que esté terminado para la próxima semana, así que apúrate y comienza a trabajar en lugar de hablar. Por cierto , también escribiste mal esta palabra, "rendición de cuentas" tiene dos "c". Si logras sonar como si estuvieras ofendido por la acusación en sí, tanto mejor.

Puedes hacer esto con cualquier tipo de acusación para mantener la conversación ligera.

La única regla a tener en cuenta es que debes jugar con la acusación de manera tan absurda que la otra persona tenga que entender que solo estás bromeando. Si no te involucras con tu actuación, es posible que la persona solo se sienta reivindicada en su posición original. Sin embargo, esto no es una excusa para no mirar dentro y evaluar si la otra persona tenía o no alguna razón para hacer ese comentario en primer lugar.

Esta técnica también se aplica a otras personas involucradas en una conversación. Como ejemplo, estaba saliendo con un grupo de colegas el otro día, uno de los cuales iba a una entrevista de trabajo al día siguiente. Sería la primera vez que se postulaba para una gran empresa, por lo que estaba legítimamente nerviosa y asustada acerca de cómo actuar. Algunos de mis amigos y yo decidimos tomar a la ligera su difícil situación siguiendo las pautas de este libro. La conversación fue algo así:

"Solo sé honesto. Cuando te pregunten cuáles son tus puntos débiles, diles que eres muy agresivo y que te encanta pelear con la gente" (actúa mientras juega con la acusación que hicieron sobre ella): "Sí. "Y si tienes un problema con eso, ¿Qué tal si salimos un rato y hablamos de eso?"

"Trae unos guantes de boxeo."

"Tan pronto como entres, ve." "Escuché que has estado diciendo algunas cosas sobre mi madre."

Conclusión

Hemos llegado hasta el final del libro y seguramente te estarás preguntando, ¿cuál sería el siguiente paso? Yo podría decirte que es una excelente idea y opción seguir trabajando en generar ejercicios de creatividad diariamente.

Otro consejo sería no tratar de aplicar todos estos conocimientos a la vez. En su lugar, elige una herramienta o técnica con la que te identifiques particularmente, estúdiala y estúdiala de nuevo, y llévala contigo de forma aislada.

Trate de concentrarse por un tiempo en las posibilidades que le permiten usarlo. Ve cuándo funciona y trata de averiguar por qué funcionó. Si no funciona, compárelo con la cantidad de veces que ha tenido éxito y vea si puede encontrar un patrón.

Esto puede no ser fácil, ya que lo complicado del humor es que no hacer reír puede significar algo sobre lo que dijiste o la forma en que lo dijiste tanto como puede significar algo sobre la otra persona (tal vez simplemente no se identifique con tu sentido del humor o tal vez estaban de mal humor). Al final del día, si una broma te hace reír, probablemente tendrás éxito con otra persona, incluso si aún no has encontrado a esa persona. Una vez que sientas que has dominado esa herramienta en particular, puedes pasar a la siguiente y reiniciar el proceso.

De igual manera lo que podrías hacer es ver tantas comedias de situación, películas de comedia y especialmente programas de entrevistas o especiales de comedia (ya que estos no incluyen risas enlatadas y las reacciones de la audiencia probablemente serán más genuinas y le darán una mejor sentido de sí una broma en particular aterrizó o no) como puedas. Esto te ayudará a perfeccionar lo que funciona y lo que no, y puedes tratar de descubrir por qué, mejorando aún más tus propias habilidades.

Escuchar y escuchar comedia también reforzará las partes que no se pueden enseñar con palabras, como la entrega y el tiempo. Estos conceptos se internalizarán mejor con el tiempo al ver y escuchar a personas divertidas con las que te puedas identificar en la naturaleza.

Espero que recorriendo las diferentes herramientas y técnicas del stand-up y la comedia de improvisación te haya explicado que el humor en general es una habilidad que no está escondida en nuestros genes, sino que sigue ciertos patrones claramente definidos y que se deben aplicar de forma creativa en diferentes situaciones.

En este punto, algunos lectores aún pueden preguntarse si alguna vez llegarán al punto de ser consistentemente divertidos y capaces de pensar por sí mismos. Creo que con el tiempo y la práctica encontrarás la respuesta a esta pregunta.

Debes saber que, si estás experimentando el proceso de pensamiento, unas pocas horas o días después de algún evento, donde piensas en una respuesta perfecta y divertida a lo que sucedió, estás pasando por algo conocido como "Ingenio de escalera", que es una buena firma ya que eso significa que sí eres capaz de ser gracioso, y sólo queda lograr cerrar ese lapso de tiempo para que este instinto se acerque cada vez más al incidente incitador.

Con una práctica constante, podrás ver cómo se va cerrando gradualmente esta brecha, pasando de días a horas o minutos y, finalmente, sucederá sin ningún conocimiento consciente de tu parte. Cuanto más practiques, te irás haciendo más divertido, más cómodo y seguro te sentirás en tus habilidades humorísticas y más rápido se cerrará esta brecha.

Al final del día, el humor es una elección. Es elegir mirar el mundo que te rodea a través de los ojos de alguien que no se toma demasiado en serio a sí mismo y que ve en todo una oportunidad de hacer las cosas más ligeras tomando tu opinión y expresándola a través de explorarla y realzarla hasta que llegue como una broma que potencialmente podría traer alegría, en forma de sonrisas o risas, a tu propio rostro o al de los demás.

De corazón espero que todo lo que leíste te pueda ayudar a obtener la confianza que tanto necesitas y puedas lograr el objetivo.

Vayamos por ese mundo más alegre que tanto necesitamos.